좋은 습관은 실천할 때 완성됩니다.

좋은습관연구소가 제안하는 23번째 습관은 "50에 꿈을 찾고 이루는 습관"입니다. 이 습관은 다름 아닌 독서 습관입니다. 작가는 2016년 처음 블로그를 개설하고 서평 쓰기를 시작해, 지금까지 500개에 가까운 서평 글을 썼습니다. 이제는 번역가라는 꿈을 향해 독서와 공부를 이어가고 있습니다. 이 모든 일은 책을 읽고 글을 쓰는 것에서 비롯되었습니다. 책 읽기와 서평 쓰기는 작가에게 새로운 삶의 기회를 주었습니다. 예외는 없습니다. 당신도 책만 읽으면 됩니다.

소중한 꿈을 향해 가는 여정에 꼭 필요한 준비물, '혼자 있는 시간'과 '생각하는 힘'. 이 두 가지를 준비하는 방법이 독서라는 사실을 다시 한 번 확인할 수 있었습니다. 독서가 만드는 마법 같은 연쇄 효과를 경험해 보시기 바랍니다.

- 하우애(안성진)

온라인 서점 블로그에서 인연을 맺은 후 오랜 시간 서평을 비롯해 여러 글을 읽어온 사람으로서, 작가의 생생한 독서 습관이 담겨있는 책을 만나게 되어 너무 반갑다. 번역가를 향한 도전은 나처럼 평범한 사람들에게도 희망과 용기를 줄 것이다.

- 추억책방(전상규)

아이를 다 키워놓고 여유가 조금 생기니 일상이 무료해지더군요. 학교를 졸업하고, 취업을 하고, 결혼을 하고, 아이를 낳고. 그냥 그렇게 살았습니다. 그런데 이 책을 읽고 나에게도 한때 꿈이 있었다는 것을 떠올리게 되었습니다.

- 민들레(최명희)

꿈을 이루고 싶은가요? 독서를 통해 꿈을 이루고 싶은 사람을 위한 책입니다. 50대의 평범한 직장인이 독서를 통해 어떻게 꿈을 이루게 되었는지 그 과정을 친절하게 소개하고 있습니다. 누구라도 할 수 있습니다. 책 제목 그대로 책만 읽어도 됩니다.

- 산바람(김선의)

책 속에 길이 있다고 흔히들 말하지만, 정작 그 길을 찾아가는 일은 어렵지요. 작가는 이를 직접 보여줍니다. 여러분도 책을 읽다 보면 어느새 길을 찾아가는 자신을 발견하게 될 것입니다.

- seyoh(오세용)

300개가 넘는 서평이라니요. 책을 좋아하는 저로서도 상상이 가지 않는 숫자입니다. 작가가 알려주는 독서법과 서평 쓰는 법, 나아가 독서 모임을 하는 법까지 하나라도 놓치지 않으렵니다.

- 하모니아(원영희)

책만 읽어도 된다

50에 꿈을 찾고 이루는 습관

책 쓰기의 꿈을 이루기까지

아름다운 독서광이 차고 넘치는 시대에 빈약하기 짝이 없는 독서량을 가진 내가 책과 꿈 이야기로 한 권의 책을 내게 되었다. 인생이란 한 치 앞을 내다볼 수 없기에 더 '판타스틱'한 것인지도 모른다. 일본어 공부에 열중하다가 블로그 활동을 하게 되었고, 그것이 계기가 되어 책까지 쓰게 되었으니 버킷리스트 목록에서 잠자고만 있던 꿈이 현실로 이루어졌다.

2014년 겨울 방학 때 대학생이던 큰 아이가 교내 장학 프로그램으로 오사카에 있는 칸세이가쿠인대학의 단기 연수를 다녀오더니 이렇게 말했다.

"엄마, 일본어 공부 다시 해 보시는 게 어때요?"

"그래, 맞아. 계속 공부했더라면 번역가가 되고도 남았을 텐데…"

큰아이의 말을 듣고 오랜만에 흥분되는 기분을 느꼈다. '번역가'라니. 마치 잃어버린 보물을 되찾은 것 마냥 마음이 설레었다. 동시에 후회도 급물살처럼 밀려왔다. 오래전 지역 문화 센터에서 운영하던 일본어 교실에 3년 정도를 다녔었다. 그러다 직장 생활을 다시 하게 되면서 일본어 공부는 중단되었다. 공부에 대한 뚜렷한 목적이 없던 때라 깊은 공부로 연결되지 않았다.

'10년도 넘은 세월인데 공부를 계속했다면 얼마나 좋았을까?' '외국어 공부하는 걸 좋아했음에도 왜 끝까지 해 보지 않았을까?' 다시 생각하면 할수록 안타까웠고, 공부를 잊고 있었던 그 세월이 야속했다. 그런데 일본어 공부가 번역가로 이어질 수도 있겠다 생각하니 정신이 번쩍 들었다. 이제라도 정식으로 목표를 세우고 다시 공부해 보자는 생각이 들었다.

나는 번역과 관련된 정보를 여기저기 알아보기 시작했다. 그러다 2016년 여름 〈글밥으로 먹고 살기〉라는 카페를 알게 되었다. 글밥으로 먹고 산다니! 어쩜 그렇게 낭만적으로 들리던지. 그 카페는 번역가, 동화 작가, 자유기고가 등을 꿈꾸는 사람들이 공부에 필요한 정보를 얻으며 소통하는 공간이었다. 나는 하루에도 몇 번씩 카페를 들락거리며 번역계의 동향이나 번역 후기 등을 보면서 번역가의 꿈을 키워가기 시작했다. 그리고 일본어 공부도 다시 매진했다. 이제는 절대로 멈추지 말자! 지금부터라도 열심히 공부해서 번역가가 된다면 앞으로의 삶이 좀 더 근사해지지 않을까 상상하면서 말이다.

카페에서는 카페 회원인 번역가들이 새로이 번역 작품을 선보이게 되면 이 책들을 소개하고 서평 이벤트 같은 것을 열었다. 나는 열심히 이벤트에 참여했다. 내 책도 곧 이곳에서 소개할 수 있는 날이 올 거라 상상하며 블로그에 서평 글을 남기는 일을 해보기 시작했다. 그렇게 서평 쓰기에 재미를 붙이다가 온라인 서점에서 진행하는 서평단으로 행동반경을 넓혔다. 마치 오랫동안 잊고 살았던 무언가를 막 찾은 것처럼 열심히 책을 읽고 글을 썼다. (물론 일본어 공부도 잊지 않았다.)

그렇게 6개월 동안 63편의 리뷰를 쓰고 났더니 나는 서점에서 선정하는 파워 블로거가 되어 있었다. 거의 일주일에 두 권 이상의 책을 읽고 서평을 쓴 셈이었다. 매일 책을 읽고, 글을 쓰고, 일본어 공부를 하고. 이렇게 한 주, 한 달, 일 년이라는 시간이 그야말로 쏜살같이 흘러갔다. 그렇게 파워 블로거 활동을 3년동안 이어갔다. 그랬더니 도합 300편에 가까운 리뷰가 쌓였다.

그러다가 2020년 5월 초 어느 날 쪽지를 하나 받았다. 최근에 서평을 남긴 책을 출간한 출판사였다. 쪽지의 내용은 이랬다. 책 이야기를 주제로 하는 글을 써보면 어떻겠냐는 것이었다. 나는 깜짝 놀랐다. 소위 성공한 인생과는 거리가 먼 나 같은 사람에게 책을 내보자고 제안을 하다니. 나는 믿기지가 않아 쪽지를 몇 번이고 다시 읽고 확인했다.

그렇다. 나는 좋아하는 책 읽기와 공부로 삶을 얼마나 바꿀 수 있는지 확인하고 싶어서 이 책을 쓰기로 결심했다. 책을 내자는 제안을 받았을 때 너무 놀랍기도 하고 망설여지기도 했지만 일본어 공부를 놓친 것처럼 나중에 후회 할까 봐 용기를 내어 제안을 받았다.

김애리 작가의 『글쓰기가 필요하지 않은 인생은 없다』라는 책이 있다. 이 책을 보면 일흔에 번역을 시작하여 15년 경력의 베테랑 번역가가 되었다는 김욱 할아버지의 이야기가 나온다. 이 이야기를 접하고 나는 신선한 충격을 받았다. 나이는 숫자에 불과하다는 것을 보여준 산증인이나 마찬가지였다. 김욱 할아버지 덕분에 번역가가 되는 것 그리고 이 책을 쓰는 것에 대해서도 용기를 낼 수 있었다.

책 읽기와 글쓰기에 푹 빠졌다가 책을 내는 꿈도 이루고 이제는 번역가의 꿈도 생각해 본다. 생각하면 할수록 행복해지면서 피식 웃음이 나기도 하지만 한편으로는 움츠러드는 기분이 들기도 한다. 과연 정말 할 수 있을까, 이렇게 늦었는데 꿈을 이룰 수 있을까. 자꾸만 숨고 싶은 마음이지만 만인에게 공약하면서 더욱 견고한 목표로 삼고 싶다.

"일본어 공부를 계기로 블로그를 운영하고, 책 읽기와 글쓰기 훈련을 통해 책을 내는 꿈을 이루게 되었으니, 이제는 멋진 번역가가 될 것이다."

블로그 활동을 하지 않았더라면, 서평 쓰기를 하지 않았다면 책을 낼 기회도 얻지 못했을 것이고 숨고 싶은 마음을 다시 단단히 동여매는 일도 못했을 것이다. 사람 일은 알 수 없다는 말을 실감하는 요즘이다.

이 책은 이제라도 책과 친해지고 싶은 사람이 읽어도 좋고, 책은 좋아하지만 글쓰기에 부담을 갖고 있는 사람이 읽어도 좋다. 그리고 300개(현재는 500개) 이상의 서평을 써낸 사람은 도대체 무슨 책을 읽고, 책을 어떻게 고르며, 또 글은 어떻게 쓰는지, 이런 것들에 관심 있는 분들이 봐도 좋다.

절대 내가 잘 읽고 잘 쓰고 있다는 걸 자랑하겠다는 뜻은 아니다. 나 같은 보통 사람도 하는데, 당신도 하지 못할 게 없다는 것을 말하고 싶을 뿐이다. 그리고 무엇보다, 뭐든지 때가 있는 법이라고 혹시 나처럼 지나간 시간을 후회할지도 모르는 분들에게 내 이야기를 꼭 들려주고 싶은 마음 뿐이다.

오십이 넘어서야 꿈을 발견하고 하나씩 꿈을 이뤄가는 이야기. 사실 내가 번역가가 되고 싶다는 선언을 했지만, 되지 못한다고 해도 상관은 없다. 어쩌면 인생은 알 수 없는 것이어서 또 어떤 일이 펼쳐질지 모른다. 그래서 더 희망적인지도 모른다.

대단한 내용이 있는 건 아니지만 재미있게 읽어 주시고, 많은 분들이 잊고 있던 혹은 발견하지 못했던 자신의 꿈을 찾고 살아갈 수 있었으면 좋겠다.

꿈을 꾸게 해준 최고의 습관, 독서

어떻게 하면 현재에 집중하며 과거를 되돌아보지 않고 살아갈 수 있을까. 이것은 많은 사람들이 생각하는 고민이다. 많은 작가들이 '현재'present를 우리가 가질 수 있는 최고의 '선물'present이라고 말한다. 그걸 잘 알면서도 우리는 왜 자꾸 과거를 되돌아보는 것일까. 과거의 추억이 나쁜 것은 아니지만, 놓쳤던 일에 대한 후회 때문에 현재에 충실하지 못한다면 그보다 더 큰 손실이 있을까. 해 본 일에 대한 후회보다 하지 못한 일에 대한 후회가 훨씬 더 크다고 하지 않은가. 이렇게 해야 했는데, 저렇게 해야 했는데, 하지만 지금 그때를 떠올리며 마음속으로 다시 저울질을 해봐야 아무런 소용이 없다.

예전의 내가 그랬다. 고등학교 시절의 나는 미래에 대한 어떠한 계획이나 목표도 없이 수동적인 태도로만 삶을 일관했다. 어쩌면 사회 분위기가 그랬는지도 모르겠다. 권위적인 사회, 말 한마디 잘못하고 누군가의 눈 밖에 나면 바로 끌려 가는 사회. 이런 분위기에서 꿈 이야기를 하며 속마음을 털어놓는 것은 너무 어려운 일이었다. 나도 그런 분위기에 이끌려 부모님이 정해주는 대로 상급학교에 진학했다. 그나마 위로가 됐던 건 도내 명문 학교라는 자부심이었다. 하지만 적성에 맞지 않은 상과 과목을 공부하는 것은 고역이었다. 특히 국어와 영어를 좋아하고 책을 좋아하는 내가 취업을 목표로 하는 교과 과정을 따라가야 하는 현실은 학교생활에 대한 관심과 흥미를 점점 잃게 하였다.

언제나 상위권에서도 단연 톱을 유지하던 중학교 시절의 전성기도 이제 끝나는 건가 싶었다. 대차대조표를 맞추고 신용장을 작성하는 공부라니. 나는 좋아하는 과목에만 열중하고 나머지 과목은 대충 시간만 때우듯 공부했다. 피할 수 없으면 즐기라고 했는데, 그때는 그걸 몰랐다. 수업 시간에는 반항하듯 좋아하는 책을 꺼내 몰래 읽기도 했다. 학교에 대한 흥미를 잃게 되니 꿈도 잃고 모든 것이 멈춰버렸다.

지금은 언제든지 마음만 먹으면 어떤 분야든 공부할 수 있지만, 그때는 그럴 만한 분위기도 아니었고 원하는 공부를 해야겠다는 용기와 배짱도 없었다. 한참 후회되는 일은 문과가 적성이 맞으니 인문계 학교에 가고 싶다고 진지하게 부모님을 설득하지 못한 점이었다. 겉으로는 어쩔 수 없이 따르면서 속으로는 원망을 참 많이도 했다. 그렇게 자신을 속이고 현실을 회피한 죄는 두고두고 나를 괴롭혔다.

그렇게 시간은 흘러 졸업을 하고 취업을 하고 결혼도 하게 되었다. 공부에 대한 미련은 여전히 남아있었지만, 다들 그랬던 것처럼 아내로서 엄마로서 집안을 챙기고 가족을 돌보는 것이 우선이었다. 그러다 나는 작은 아이가 첫 돌을 지날 무렵 다시금 공부를 해보기로 하고 대학

진학을 했다. 원격 방식으로 수업을 하고 최소한의 출석으로 공부가 가능한 학교였다. 네 살이 된 큰 아이와 돌쟁이 아이, 이렇게 둘을 키우며 공부해야 했으니 한마디로 정신없는 일상이었다. 아무리 원격 수업을 한다고 하지만 시험 기간에는 어쩔 수 없이 가족과 친지, 지인들의 도움을 받아야 했다.

내 독학의 역사는 이때부터 시작되었다. 나는 좋아하는 공부를 하면서 스스로 '살아있음'을 느꼈다. 특히 〈고전 시가 강독〉은 내가 좋아하는 과목이었는데 강의를 들으며 감상에 젖어보는 시간은 무척이나 행복한 시간이었다. 인터넷도 없던 시절, 새벽에 시작되는 라디오 강의를 들으며 공부하기를 반복하다 논문 쓰기를 통과하고 졸업을 했다. 그 후 나는 다시 직장 생활을 하고 좀 더 활기찬 나날을 보내면서 후회스러운 지난날의 무거운 마음에서 벗어날 수 있었다.

만약 여러분이 지난날을 돌이켜볼 때 안타깝고 후회스러운 부분이 있다면, 맨 먼저 그것과 화해하는 시간을 가져야 한다. 과거가 자꾸 마음속에 밟힌다면 현재에 충실

할 수 없다. 과거에 자꾸 집착하는 사람은 스스로에 대한 자존감이 부족한 경우가 많다. 자존감을 갖지 못하면 자기 주도적인 삶을 살기가 어렵다. 그리고 이런 사람은 지금의 현실을 받아들이지 못한다.

책을 읽으면 다른 사람들의 삶을 통해 나의 상황이나 행동을 비추어보고 문제를 해결할 수 있는 힌트를 얻을 수 있다. 물론 한두 권의 책을 읽는다고 해서 바로 그런 능력이 생기지는 않는다. 대신 책 읽기가 습관이 되면 서서히 내공이 쌓이면서 자신의 문제를 주도적으로 해결하는 능동적인 자세와 태도를 갖게 된다. 그러면서 긍정적인 사람으로 변하게 되고, 미숙했던 자신을 탈피하여 조금씩 자존감을 높이며 결국 자기 주도적인 삶을 살아가는 능력을 얻게 된다. 이것이 바로 책 읽기가 주는 최고의 장점이다.

박웅현 작가의 책 『다시, 책은 도끼다』에서 이런 문장을 만난 적이 있다. "우리가 집중해야 할 것은 미성未成의 시간이다." 우리 인생을 직선으로 놓고 봤을 때 9할은 이미 존재하는 것들이고, 나머지 1할은 미성으로 아직 이루어지지 않은 것을 의미한다는 뜻이다. 이미 존재하는 것은 바꿀 수 없으니 결국 우리는 선물 같은 오늘, 1할에 집중해야 한다는 것을 말해준다. 그러니 되돌릴 수 없는 과거에 집착하는 것은 시간 낭비일 뿐이다. 볼테르의 책 『캉디드 혹은 낙관주의』에도 "우리의 정원은 우리가 가꾸어야 한다"라는 문장이 나온다. 여러 가지 꽃과 나무들이 조화롭게 자라고 있는 정원은 아름답지만 아무도 돌보지 않는다면 무수한 잡초로 뒤덮여 버린다. 잡초를 뽑아내고 꽃과 나무를 심고 정원을 가꾸는 것처럼 우리의 삶도 그렇게 가꾸어야 한다. 나쓰메 소세키는 『유리문 안에서』라는 에세이에서 이렇게 말하기도 했다. "우리의 삶이란 언제 터질지 모르는 수류탄을 안고 나아가는 것이다." 이 말은 한 번뿐인 삶, 연습이 없는 우리의 인생은 누구나 불안과 고민을 안은 채, 끊임없이 흔들리는 존재로 살아갈 수밖에 없다는 것을 알려준다.

책 속에서 만나는 이런 문장들은 우리들에게 무엇이 중요하고, 어떤 것에 안달하지 말아야 하는지를 알려준다. 그래서 때로는 위안을 때로는 용기를 때로는 현실을 직시하게끔 도와준다. 한마디로 책과 함께하는 삶은 두려움이 없는 삶이다.

나는 책과 함께하면서 매일 똑같은 일상도 새로운 하루처럼 살아갈 수 있었다. 내가 누릴 수 있는 소박한 일상에 감사하는 마음, 사소한 것 하나 기적이 아닌 게 없다는 생각, 삶은 소중하다는 것 등 모든 일에 긍정적인 마음을 품게 된 것은 다 책 덕분이다. 그러니 책 읽기에 대한 예찬을 멈출 수가 없다.

책 속 누군가의 이야기를 만나 과거의 나와 현재의 나를 돌아보고 그러면서 다시 앞으로 살 게 될 삶을 수정하고 갈고 닦는다. 책은 현재를 가장 충실하게 살아갈 수 있는 방법을 알려주는 좋은 스승이다. 좋은 스승을 벗 삼아 살아간다면 더이상 후회할 일은 없다. 책을 읽고 성찰의 시간을 갖는 것이야말로 현재를 살게 해 주는 최고의 습관이다. 여러분에게 책 읽는 좋은 습관으로의 초대장을 보낸다.

목차

1부. 현재를 충실히 살게 해주는 독서 습관

2부. 꿈을 찾아주는 독서 습관

1부

현재를
충실히 살게 해주는
독서 습관

전작주의자가 되는 법

한 권의 책은 작가의 분신分身과도 같다. 요즘은 책 쓰기가 예전처럼 정식 등단을 거쳐야 하는 것도 아니고 누구나 책을 쉽게 쓸 수 있고 쉽게 낼 수도 있는 시대다. 그럼에도 한 권의 책에는 작가의 모든 경험과 지식, 열정이 고스란히 녹아 있다.

분신과도 같은 한 권의 책을 읽고 그 작가의 매력에 푹빠진 적 있는가. 내게는 일본 작가 나쓰메 소세키가 그런존재였다. 나는 2013년 가을 『나는 고양이로소이다』라는작품으로 나쓰메 소세키를 처음 만났다. 책의 내용을 잠깐 언급 하자면, 자칭 '인간 세계의 일원'이라고 생각하는 아주 당돌한 검은 고양이가 화자로 등장한다. 고양이는 주인집 사람들과 그 집에 찾아오는 손님들의 일거수일투족을 관찰하며 트집을 잡기도 하고 평가를 하기도 한다. 인간이 아닌 고양이의 시선으로 사람을 관찰한다는 발상 자체가 호기심을 일으키는 책이다.

주변머리 없는 고집불통 영어 선생, 이상한 거짓말쟁이 미학자, 개구리 눈알 모형을 사시사철 갈고 있는 이학도. 이들을 향해 주인공 고양이는 독설을 퍼붓는다. 이 작품은 당대의 지식인 모습을 생생하고 우스꽝스럽게 그려 냈다고 호평을 받았는데, 내게는 지식인의 내면을 들여다볼 수 있다는 점에서 무척 흥미로운 책이었다.

책을 읽으며 겉으로는 점잖은 척하면서도 억지로 짜맞춘 듯 어딘가 부족한 구석이 있는 사람들을 보면서 세상에 완벽한 사람은 없구나 하는 생각을 했다. 겉으로는 아무리 당당해 보이는 사람일지라도 보이는 게 전부가 아니라는 사실, 부귀영화를 누리는 것 같지만 다들 그렇게 살아가는구나, 하는 위안. 이렇게 재미있는 작품을 쓴 작가라니. 제법 두꺼운 책이었음에도 시간 가는 줄 모르고 몰입하여 읽었다. 그러다 문득 작가가 궁금해졌다.

　나쓰메 소세키, 처음에는 작가를 잘 모르는 상태에서 읽었는데, 알고 보니 일본의 국민 작가이자 '일본의 셰익스피어'라는 추앙을 받는 분이었다. 그 후로 작가의 다른 작품 『도련님』, 『마음』, 『산시로』, 『그 후』, 『풀베개』 등을 하나씩 읽어나갔다. 처음에는 도서관에서 빌려 읽다, 나중에는 한 권씩 구입해 읽었다. 그 중 『풀베개』는 다른 작품에 비해 무척 힘들게 읽었다. 중국의 학자, 문장가, 잘 모르는 일본 화가와 문장가, 서양화가와 문인들을 비롯하여 하이쿠와 일본의 대표적인 가면 음악극인 노能 등 길게 이어지는 내용은 따라가기가 무척 어려웠다. 그리고 그림을 그려 놓은 듯 세밀한 묘사로 다른 어떤 작품보다도 소세키의 예술 세계를 짐작할 수 있다고 했는데, 미술 작품에 대한 배경 지식은 물론이고 여백을 읽을 줄 아는 힘과 상상력이 필요한 작품이었다.

　나중에 알게 된 사실이지만, 일본 사회에서 비판적 지식인으로 다양한 저술 활동을 하는 재일교포 강상중 교수도 나쓰메 소세키의 광팬이라고 했다. 이 사실을 알게 되고는 마음이 통하는 동지를 만난 것처럼 반가운 마음이 들었다. 강상중 교수도 자신의 책에서 『풀베개』는 쉽게 읽히는 작품이 아니라고 했다.

"이지理智에 치우치면 모가 난다. 감정에 말려들면 낙오하게 된다. 고집을 부리면 외로워진다. 아무튼 인간 세상은 살기 어렵다. 살기 어려운 것이 심해지면, 살기 쉬운 곳으로 옮기고 싶어진다. 어디로 이사를 해도 살기가 쉽지 않다고 깨달았을 때, 시가 생겨나고 그림이 태어난다."

『풀베개』 도입부에서 화자가 산길을 오르면서 머릿속으로 떠오른 것을 묘사하는 대목인데, 이 부분은 나도 참 좋아하지만 일본인들도 참 좋아하는 문장이라고 한다. 이지, 감정, 고집 등에 치우치다 보면 모가 나기 마련이고 결국에는 낙오되고 외로워진다는 것이니 내 마음대로가 아니라 주변과 조화를 이루며 살아야 한다는 삶의 처세까지 알려주는 명문장 아닌가. 삶을 관조하며 사색하는 통찰이 없다면 이런 문장이 나오지 못했을 것이다. 아무튼 작가는 세상은 살기 어려우며, 삶을 꾸려간다는 것은 결코 쉽지 않은 일이라고 얘기한다. 그래서 오히려 이 문장을 읽고 있으면 힘이 난다. 누구나 연습 없는 한 번뿐인 삶을 살고 있고 그래서 버거운 거니까 말이다.

드라마를 보다가 멋진 장소가 나오면 가고 싶듯 책을 읽어도 마찬가지다. 작가의 발자취가 남은 곳이나 작품의 배경이 되는 장소를 직접 확인하고 싶어진다. 나는 소세키의 다른 작품 『산시로』를 읽으면서 소설의 배경이 되는 곳을 방문하고 싶다는 생각을 했다.

『산시로』는 시골 청년 산시로의 대학 생활기를 담은 청춘 교양 소설인데, 도쿄로 상경해서 변화의 한가운데를 지나면서 차츰 도쿄 생활에 적응해가는 청년의 이야기를 담고 있다. 소설에는 산시로가 상경하는 기차에서 만나는 수염 난 사내 히로타 선생이 나온다. 히로타는 일본의 발전 뒤에 숨어있는 위태로움을 지적하는 등 산시로를 새로운 세계로 이끄는 멘토 역할을 한다. 작가 나쓰메 소세키가 당시 품고 있던 생각을 이 인물을 통해 잘 보여준다고 할 수 있다. 작년에 읽은 『강상중과 함께 읽는 나쓰메 소세키』에서는 강상중 교수가 고향 구마모토에서 친구들과 가출하여 도쿄를 처음 보았던 경험을 이야기하면서 산시로는 자신과 공통점이 많아 더욱 각별한 작품이라고 말했다. 그는 주인공 산시로의 모습에서 자신을 발견했다고도 했다.

강상중 교수가 그랬던것처럼 나 역시도 산시로에 감정이입을 하며 책을 읽는 동안 도쿄는 물론이고 산시로가 걸었던 길, 산시로가 산책 했던 연못 등을 가보고 싶었다. 소설 속 공간이지만 실제로는 소세키 자신이 직접 경험한 현실의 공간이기도 했을 그곳 말이다.

그러다 정말로 책에 묘사되고 있는 '산시로의 연못'을 다녀올 기회가 생겼다. 책을 읽고 딱 1년 만이었다. 큰 아이가 교내 장학 프로그램으로 오사카 소재의 칸세이가쿠인대학에 단기 연수를 다녀오더니 졸업하면 해외 취업을 하고 싶다고 했다. 히라가나조차도 몰랐던 아들은 얼마나 공부에 집중했는지 1년 반 만에 JLPT N1급에 합격을 하더니, 졸업 후 도쿄의 오다이바에서 열리는 취업 박람회 참가 자격을 얻었는데, 아들과 면접시험 길을 동행하게 된 것이었다. 내게는 꿈에 그리던 '산시로의 연못'에 갈 수 있는 기회였다. 당시는 막 봄이 끝나고 여름으로 넘어가던 때였다. 무척 햇볕이 뜨거운 날씨였지만 소세키의 흔적을 볼 수 있다는 기대감과 설렘으로 가득해서 더운 날씨 정도는 핑계가 되지 못했다.

산시로의 연못은 도쿄대 안에 있었다. 전철 역에서 내려 지도를 보며 한참을 걸어 도쿄대에 도착했다. 교정 안은 고색창연한 분위기가 느껴졌다. 푸른 이끼가 두껍게 붙어있는 나무들, 오래된 근대풍의 건물들. 소세키도 이곳을 걸어 다녔고 이 건물 어딘가에서 공부를 했다고 생각하니 감개무량했다. (나쓰메 소세키는 도쿄대학 출신이다. 당시는 도쿄제국대학이었다.)

한참을 걸은 끝에 드디어 '산시로의 연못' 내력을 알리는 표지판이 보이고, 초록색 연못이 눈에 들어왔다. 물이 맑지는 않았다. 연못 입구에는 잉어 떼가 헤엄치고 있고 연못 둘레로는 숲이 울창했다. 빽빽한 나무들 탓에 햇빛이 안 들어 올 정도였고, 서늘해서 그런지 바위로는 온통 초록색 이끼들이 자리를 차지하고 있었다. 또 다시 올 수 없을지도 모른다는 생각에 연못 둘레를 한 바퀴 돌아보았다. 백 년도 더 전에 소세키도 여기를 걸었겠지. 그런 생각을 하니 아련한 그리움 같은 게 밀려왔다. 작가의 흔적이 아직 남아 있을 리 만무하지만 연못 어딘가에 공기처럼 떠돌고 있는 건 아닐까. 그리움은 서서히 친밀감으로 바뀌었고, 실제로 그 장소를 걸으며 확인했다는 것만으로도 작가와 작품에 가까워진 듯한 느낌이 들었다.

이어서 가본 곳은 신주쿠에 있는 소세키의 산방山房 기념관이었다. 소세키는 말년에 이곳에서 9년 동안 살면서 『열흘 밤의 꿈』, 『산시로』, 『그 후』, 『문』, 『춘분 지나고까지』, 『행인』, 『마음』, 『한눈팔기』, 『명암』, 수필 『유리문 안에서』 등을 집필했다. 이번에도 전철을 이용해 그곳을 방문하기로 했다. 근처 전철역에서 빠져나와 안내 지도를 따라 십분 넘게 걸었을까. 길을 헤매는 건 아닐까 조바심이 날 무렵, 익숙한 고양이 캐릭터의 이정표가 나타났다. 산방 기념관에는 소세키의 흔적을 느낄 수 있는 다양한 공간이 재현되어 있었다. 서재와 응접실 그리고 소세키의 집필 공간 등을 볼 수 있었고, 소세키의 작품은 물론이고, 소세키와 관련된 책이 3천여 권이나 있다는 도서관도 있었다. 전시된 책을 몇 권 사고 싶었는데 팔지는 않는다고 해서 아쉬운 마음이 들었지만, 북카페에서 케이크와 커피 한 잔을 마시며 소세키와 가까워진 듯 행복한 마음을 만끽할 수 있었다.

대작가의 기념관이 도심 한복판 동네 골목과 연결되어 있다는 것이 참으로 인상적이었다. 자전거를 타고 온 동네 할머니들이 들러 이것저것 구경하는 모습을 보면서 잠깐이지만 그들이 부러웠다. 격식을 차리지 않고도 편하게 와서 보고 갈 수 있는 곳, 작가와 함께 늘 호흡하며 살고 있다는 느낌이 드는 곳. 소세키와 이웃하고 있는 그들의 삶이 부럽게 느껴졌다.

책 한 권을 만나는 것은 그 작가의 생애와 교류하는 것으로 이어질 수 있다. 또 잊고 있었거나 늦게 발견한 자신의 꿈과 목표를 확장시켜 주고 견고하게 뿌리를 내려 주기도 한다. 앞으로 차차 밝히겠지만 나는 소세키와의 인연이 씨앗이 되어 일본어 공부를 하고 번역가에 대한 꿈을 키웠다. 그리고 여행할 때마다 일본어로 된 그의 작품을 한 권씩 사 모으고 있다. 책장에 꽂아둔 책을 볼 때면 언젠가는 읽겠지 하는 생각에 뿌듯한 마음이 차오른다.

내가 소세키의 전작주의자가 된 것처럼 이 글을 읽는 독자들도 자신이 애정 하는 작가 하나쯤은 있었으면 좋겠다. 그런 다음 작가의 작품에 몰입하고 한 권씩 섭렵해 가라고 말하고 싶다. 그러다 보면 어떤 작은 불씨가 기름을 만나 활활 타오르는 것처럼 그동안 잊고 있었던 꿈이나 하고 싶은 일이 거대한 불길처럼 솟아오를 수 있다. 꿈이나 꼭 해보고 싶은 일 같은 것이 아니더라도 적어도 관심 작가군이 확장되어 독서의 폭이 넓어지는 경험은 할 수 있다. 내가 소세키의 광팬이라는 강상중 교수를 알게 되어 그의 책으로도 독서 영역이 확장되고 막연하게 품고 있던 번역가의 꿈을 확고하게 해준 것처럼 말이다.

전작주의가 되는 법

1. 전작주의란 애정 하는 작가의 전 작품을 읽는 것을 말한다. 한 작가의 작품을 따라가다 보면 작가의 생각이 어떻게 변하고 흘러왔는지를 확인할 수 있다.

2. 이왕이면 연대순으로 읽는 것이 좋다. 나쓰메 소세키로 예를 든다면, 전기 3부작과 후기 3부작이 있다. 이 작품들을 순서대로 읽는다면 작품과 작품 사이의 연관성 혹은 연계성도 자연스럽게 확인할 수 있다.

3. 소설가라면 장편 같은 주요 작품부터 읽고 이어서 단편 소설이나 에세이 같은 것을 읽는 게 좋다. 좀 더 내밀한 작가의 철학을 배울 수 있어서 좋고, 작가를 더욱 친숙하게 느낄 수 있어서 좋다.

4. 그런데 첫 작품은 재미있게 읽었는데, 그다음으로 선택한 작품이 별로였다면 어떻게 할까. 그럴 때면 조금 쉬는 것도 방법이다. 다른 작품으로 건너뛰거나 다른 작가로 넘어갈 수도 있다.

완독의 강박에서 벗어나는 법

"책을 읽기는 했지만, 완독하는 데는 아주 힘들었다." 언젠가 누군가의 리뷰를 읽다가 이 문장을 읽고 마치 내 얘기처럼 공감했던 적이 있다. 완독에 대한 강박증을 말하고 있었다. 나 말고도 그런 사람이 또 있구나 싶어 잠깐이나마 동지 의식을 느꼈다.

힘들어도 참고 끝까지 읽어낸 책이 있는가 하면 도저히 힘들어서 읽다가 그만둔 책도 상당히 많다. 그중 오랜 시간이 지났어도 아직 미련이 남아있는 책이 있다. '20세기 최고의 책'이라 불리는 마르셀 프루스트의 『잃어버린 시간을 찾아서』라는 작품이다. 이 책을 고른 분들은 '꼭 읽어야 하는 고전'이라는 수식어 때문이거나 제목 자체에 끌려 책을 선택했는지 모르겠다. 20대 직장인이던 시절 나는 이 두 가지 이유가 모두 마음에 들어 이 책을 선택했다.

『잃어버린 시간을 찾아서』는 주인공인 화자가 홍차에 적신 마들렌을 먹다가 옛 기억이 눈앞에 펼쳐지는 경험을 하는 것에서부터 출발한다. 그러나 소설은 도대체 무슨 이야기를 하는지 알 수 없는 방향으로 흘러간다(나만 그런 건 아니고 이 책을 읽은 많은 분들이 공감하는 바다). 이렇게 이해가 안 되는 책을 글자로만 읽고 있다 보면 자연스레 졸음이 쏟아진다. 그렇게 몇 번이나 마음을 다잡았지만 결국에는 완독을 하지 못했다.

이 책은 '의식의 흐름'이라는 기법으로 쓰인 책이어서 보통의 독자들이 보기에는 어려울 수밖에 없다. 나는 나중에서야 이 사실을 알았다. 그리고 읽다가 그만둔 사람이 그토록 많다는 것도 뒤늦게 알게 되었다(심지어 글쓰기를 전문으로 하는 작가들 중에서도 이 책 읽기를 포기한 분들이 많다고 한다). 그러니 내 독서력의 문제는 아니었다.

20대 시절을 뒤로하고 50을 넘기고서야 인생의 단맛 쓴맛을 맛본 다음, 다시 이 책 읽기를 도전하고 있다. 고백건대 지금도 쉽지 않은 도전이다. 버지니아 울프는 이 책을 읽고 개안 수술을 받은 듯 사물이 더욱 강렬하게 보이는 경험을 했다고 하는데, 나는 얼마나 많은 독서를 해야 그런 경지에 이를 수 있을까? 갈 길이 멀게만 느껴진다.

롤랑 바르트의 『작은 사건들』(국내에서 재출간된 제목은 『소소한 사건들』)을 읽은 적이 있다. 그런데 이 책을 읽을 때도 내내 불편하고 자꾸만 겉도는 것 같은 기분이 들었다. 20세기 후반 가장 탁월한 프랑스의 지성 중 한 사람으로 꼽히는 작가의 작품이라는데, 제목만 봐서는 소소한 에피소드가 나오는 이야기인가 했는데 그런 책이 아니었다. 이 책도 마찬가지로 글자만 쫓는 기분이 들었다. 끝까지 볼 수는 있을까? 끝까지 읽어야 하나? 하는 생각이 들었다. 역시 나중에 안 사실이지만 이 작품은 스냅 사진을 찍는 듯한 기법으로 쓰여진 글이라고 했다. 낯선 거리의 풍경 속에서 마주치는 사람들과 사물의 모습을 보면서 사진을 찍듯 마음이 가는 대로 포착해서 서술하는 방식으로 지극히 주관적인 시선을 담은 책이었다. 그러니 책을 읽는 독자 입장에서 지금 이게 무슨 상황인가, 이해되지 않은 게 너무 당연했다. 배경 지식을 알고 읽었다면 좀 더 수월하게 읽었을까? 최고의 지성인으로 꼽히는 작가의 작품을 읽으며 지적 자극을 맛보고 싶었지만, 오히려 호되게 당한 느낌이었다.

그 후 오랜 시간이 흐른 작년 6월 우연히 중국 작가 스테성史鐵生이라는 분의 에세이 『나와 디탄』에서 롤랑 바르트를 언급하는 것을 보았다. 작가가 청년 시절 하반신 마비로 방황의 시절을 보낼 때 무엇이든 써야겠다는 마음의 소리를 듣고 롤랑 바르트의 『글쓰기의 영도』라는 책을 읽고 큰 감동을 받았다고 했다. 그러면서 자신에게 있어 이 책은 '삶의 시작점'이라고 했다. 내게는 너무 힘들었던 롤랑 바르트를 이렇게나 예찬하며 언급하다니. 호기심과 관심이 다시 생기지 않을 수 없었다. 그래서 롤랑 바르트의 책을 다시 집었다. 처음 읽었던 때와 달리 낯선 거리에서 낯선 풍경을 구경하는 화자의 모습이 떠올랐고 신선함마저도 느껴졌다. 전혀 다른 책이 되어 있었다. 그 사이 어떤 일이 일어난 걸까?

제대로 이해하지 못해 혹은 힘들게 읽어서, 비슷비슷한 이유로 완독하지 못한 책들을 생각해보면 유명한 작품이니까 무작정 읽고 싶다는 생각 때문인 경우가 많다. 적어도 작가가 추구하는 세계나 그 작품이 어떤 기법으로 쓰여진 것인지 같은 대략적인 사전 지식 정도는 알고 읽는다면 책 내용을 이해하는 데 훨씬 도움이 된다.

완독을 압박하는 고전류의 책들은 주변에 널렸지만, 작가와의 교감은 완독에 쏟은 노력에 비해 작게만 느껴진다. 하지만 다른 작가의 작품을 통해 롤랑 바르트를 만나고, 롤랑 바르트가 좋아했던 작가가 마르셀 프루스트라는 걸 알게 되고, 그렇게 하나씩 연결이 되다 보면 작가를 이해하거나 작품을 다시 읽는 기회를 꼭 맞이하게 된다. 세상은 돌고 돈다고 하듯 책을 통해 작가와 작품이 연결되는 것도 돌고 돈다. 이런 순환이 바로 독서의 매력이고 기쁨이다.

그런가 하면, 그 반대의 경우도 있다. 정희진 작가의 책을 완독하게 된 계기가 그랬다. 작가에 따라서는 내가 관심을 멀리하는 바람에 인연이 닿지 않은 경우도 있는데, 내게는 정희진 작가가 그런 작가였다. 다른 분의 블로그를 보다가 정희진 작가를 알게 되었는데, 페미니즘에 관한 책을 많이 쓴 여성학자이면서 뛰어난 독서가 정도로만 알고 있었지, 책을 읽어봐야겠다는 생각은 하지 않고 있었다. 아마도 여성으로서 아프고 힘든 일을 확인하게 될까 봐, 페미니즘을 논하는 책들을 불편하게 생각했던 마음 때문이었는지 모르겠다. 경계를 넘는 독서를 하고 싶다는 생각을 했음에도 은연중에 나는 독서 편식을 하고 있던 셈이었다. 그러다 우연히 건축가 김진애의 글에서 정희진 작가의 소개 글을 보게 되었다. 『여자의 독서』라는 책이었는데 시간에 쫓겨 다 읽지는 못하고 책을 반납해야 할 상황이어서 겨우 몇 꼭지만 발췌독을 했다. 그런데 그 글이 얼마나 진지하고 멋있던지, 나는 그 꼭지를 읽다가 정희진 작가의 매력에 푹 빠지게 되었다. 그리고는 이제는 '정희진 작가를 만날 때가 되었구나'하는 사실을 직감했다.

김진애 작가는 정희진 작가의 책을 읽으면 '열녀'의 이미지가 떠오른다고 했다. 열녀라니. 우리는 그동안 열녀라는 단어에 얼마나 무거운 폭력성이 담긴 말인지 잘 알고 있지 않나. 그런데 열녀라니. 김진애 작가가 소개하는 '열녀 정희진'은 이랬다.

"정희진의 정절과 절개는 그 자체로 너무도 순수하고 또 강렬하다. 이때의 열녀란 소신에 따라 끊임없이 자신을 단련하는 여자 인간이고, 그의 정절이란 자신의 소신과 철학이고, 그의 절개는 자기 자신에게조차 확실하게 들이대는 양심의 잣대다."

정말 반하지 않을 수 없는 찬사 아닌가. 자신의 소신에 따라 끊임없이 스스로를 채찍질하는 사람이라니. 페미니즘을 논하는 작가는 그동안 나와 별개인 것처럼 느껴져 피해만 다녔는데, 이 정도의 찬사를 받는 작가라면 적극적으로 받아들여야겠다는 생각이 들었다. 김진애 작가는 정희진의 속을 제대로 알려면 그의 책 『페미니즘의 도전』을 읽어 보라고 했다. 그리고 정희진이 말하는 '여성

42

주의'라는 입장은 여성만을 위한 것이 아니라 세상을 구원하는 태도까지 담겨있다고 했다. 그리고 『정희진처럼 읽기』를 가장 먼저 읽어보길 권했는데 무엇보다도 작가의 심성을 있는 그대로 느낄 수 있다고 했다.

나는 그렇게 정희진 작가를 만나게 되었다. 한 작가를 만나게 되는 계기는 이처럼 의도치 않게 이루어진다. 새로운 작가를 만난다는 것은 내가 몰랐던 분야나 관심을 두지 않았던 분야가 내 독서 범주 속으로 편입되는 것과도 같다.

도서관에 가서 『정희진처럼 읽기』를 손에 쥐고는 깜짝 놀랐다. 얼마나 많은 사람들이 읽었는지 손때가 새까맸다. 심지어 밑줄까지도 그어져 있었다. 2014년에 출간된 책을 이제야 보게 되다니. 이 책을 내가 너무 늦게 만났구나 싶었다. 그리고 '내 몸이 한 권의 책을 통과할 때'라는 비장하고도 의미심장한 부제도 매력적으로 다가왔다. 한 권의 책을 읽으면 읽기 이전과 읽은 이후가 달라야 한다는 뜻이었다.

책상 앞에 앉아서 프롤로그를 읽었다. 그러고는 쭉 빠

져들었다. 작가는 무조건 많이 읽는 것보다 '생각하기'를 권했다. 언급된 책들은 평화학 그리고 여성학 연구자답게 묵직한 주제가 느껴지는 책들이 대부분이었다. 내가 읽은 책은 몇 권 되지 않았다. 그동안 나는 무슨 책을 읽어왔나 싶은 생각이 들었다. 제목조차 듣지도 못한 책들이 참 많았다.

정희진은 '책 속에 진리가 있다'는 말은 역사상 최대의 거짓말이라고 했다. 내가 갖고 있던 통념을 깨는 말이었다. 책 속에는 아무것도 없고 저자의 노동만 있을 뿐이라고 했다. 굳이 말하자면 사상에서 이데올로기에 이르기까지 다양한 담론만 있다고 했다. 저자의 입장을 수용하고 이해하는 것보다 저자와 갈등적against 태도를 취할 때 더 빨리, 더 쉽게, 더 정확하게 이해할 수 있다고 했다. 물론 이런 능력은 꾸준한 책 읽기와 사고 훈련이 바탕이 될 때 가능하다고 했다.

확실히 보통 사람들이 하는 책 읽기와는 달랐다. 중학교 때 『무소유』를 읽고 나서 최대한 단순하게 살려고 노력했다는 대목을 읽으면서 작가는 정말 대단한 실천가라는 생각이 들었다. 물건 사는 걸 싫어하고 화장품, 의류, 구두, 보석류, 액세서리 같은 '여성용품'은 당연히 없고 그 것에 집착하지도 않는다고 했다. 소신을 지키고 살아가 는 일상 모습에서도 놀라지 않을 수 없었다. 운전면허도 없고, 휴대전화도 SNS도 일절 하지 않고, 물건을 사고 관 리하고 그것에 집착하는 것은 비참한 일이며, 자기 자신 이나 사회 나아가 지구를 위해서도 좋지 않은 일이라고 했다. 그러면서 자신을 지식인으로 생각하거나 특정 분 야의 전공자라고 생각해 본 적도 없으며 자기 탐구와 지 적인 호기심이 많은 반反전공주의 입장을 지닌 시민일 뿐 이라고 소개했다.

정희진은 스스로 특정한 사고방식에 집중하며 '자극적 인 책'만 읽는 편협한 독자라고 했다. 그런 면에서 모든 독자는 편협하다고 했다. 나는 이 대목에서 마음이 편안 해졌다. 그동안 정희진의 책을 멀리했던 것도, 그가 언급 한 책을 다 알지 못한 것도, 이런저런 이유로 완독하지 못 한 고전과 작가들에 대해서도, 정희진 작가의 말대로 편 협할 수밖에 없었지만 찜찜한 마음이나 죄책감을 가질 필요는 없다고 말해주고 있었다.

내가 우연한 기회에 여성학자 정희진의 책을 만나게 된 것처럼 언제 어떤 작가와 인연이 닿을지 모를 테니 꼭 완독을 목표로 삼을 게 아니라 단 한 권의 책이라도 더 알고 싶다는 마음으로 다양한 책을 들추어 보는 게 인생 책, 인생 작가를 더 많이 만나는 기회가 된다. 그리고 그런 기회를 많이 가져야 내 속에 잠재되어 있던 욕망과 욕구를 찾을 수 있다. 오십이 되면 그동안 현실에 타협해 버린 것들에 대한 미련이 켜켜이 쌓여있기 마련이다. 단 한 권이라도 더 성실하게 만나야 내면 깊숙이 숨어버린 꿈을 다시 불러낼 수 있다.

완독만이 능사는 아니다. 역설적으로 들릴 수 있겠지만 완독의 강박에서 벗어나 열린 마음이 될 때 오히려 확장된 독서를 할 수 있다. 내가 정희진 작가의 책을 만난 것처럼 말이다.

좋은 책을 만나는 또 다른 방법 ─────────

1. 한 권의 책을 만나는 일은 자신의 선택이든 우연이든 모두 소중한 기회이다. 유튜브에서는 시선을 떼지 못할 정도로 재미있고 알찬 방송을 하는 사람들이 많다. 책 분야도 마찬가지다. 책을 읽어주는 유튜버(북튜버라고도 함)가 있고 독서법 등을 소개하는 영상도 있다.

2. 평소 엄두도 못 내던 책을 작가의 일화를 알게 되면서 급관심이 생기는 경우도 있다. 『코스모스』를 쓴 칼 세이건은 후배 과학자(닐 타이슨)에게 '미래의 과학자에게'라는 서명을 써주면서 "눈이 많이 오면 우리 집에서 자고 가라"라고 인사말을 건넨 적이 있다고 했다. 칼 세이건의 따뜻한 마음이 느껴지는 일화가 아닐 수 없다. 나는 이 얘기를 듣고 『코스모스』를 읽기 시작했다.

3. 블로거들의 리뷰를 읽다가 좋은 책을 만나게 되는 경우도 있다. 수많은 블로거들의 리뷰를 다 읽어볼 수는 없지만, 나와 관심 주제가 맞고 서평 글의 느낌이 매력적이라면 팔로워를 맺어 두고 자주 방문하면 좋다. 또는 반대로 나와 다른 성향의 블로그도 눈여겨보자. 이 과정에서 좋

은 책을 발견할 수 있다.

4. 예전에 자신이 기록했던 독서 기록장이나 메모 노트를 들춰보자. 노트에는 독서 후기만이 아니라 추가로 읽어야 할 책 같은 메모가 분명 있다. 잊었던 책을 다시 발견하는 기쁨을 누릴 수 있다.

독서 후기를 잘 쓰는 법

이번 이야기는 책을 좋아해서 많이 읽긴 하지만 왠지 독서 후기 쓰는 일이 귀찮거나 어렵다고 생각하는 분들에게 들려주고 싶은 얘기다.

쉴 새 없이 쏟아지는 책들을 보다 보면 언제 어떤 작가와 어떤 작품으로 교유할 수 있을까 하는 기대감과 설렘으로 마음이 고무된다. 그러면서 동시에 이 책을 언제 다 읽을 수 있을까, 한 권이라도 더 읽고 싶은데 어떻게 해야 하나, 그렇게 궁리를 해보기도 한다. 책 좋아하는 사람이라면 한 번쯤 하는 고민이다. 그런데 여기에 더해 독서 후기까지 쓰라니.

　인간은 망각의 동물이라는 말이 있듯, 우리 기억은 그리 오래가지 않는다. 다독가라면 책 내용은 고사하고 읽은 책인지 아닌지조차도 헷갈릴 때가 있다. 그러다 예전에 썼던 리뷰를 다시 돌여다보는 경우가 있는데, 리뷰를 다시 보다 보면 신기하게도 그때 읽은 내용과 감정이 다시금 떠오르며 잊었던 기억이 되살아난다. 그러면서 처음에는 안 보였던 틀린 표현을 뒤늦게 발견하기도 하고, 매끄럽지 않은 문장이 있으면 수정을 하기도 한다. 그리고 드물게는 "내가 쓴 게 맞아? 오! 그럴듯하게 잘 썼군" 하면서 혼자 감상에 빠지기도 한다. 그럴 때면 한 편의 리뷰는 책과 나를 연결해주는 기억 창고 같은 게 아닐까 하는 생각이 든다. 그러니 기록하지 않는다면 책을 많이 읽는다 한들 무슨 소용이 있겠는가.

　이처럼 리뷰 쓰기는 한 번 읽은 책을 영원히 잊지 않도록 만들어 주며 책을 두 번, 세 번 읽은 효과를 준다. 나아가 글쓰기 실력으로도 연결된다. 그렇다면 독서 후기 쓰기, 어떻게 하면 잘할 수 있을까?

잘 쓰려면 일단 잘 읽어야 한다. 읽고 싶은 책이 준비되었다면 이렇게 읽어보자. 맨 먼저 목차를 훑어본다. 목차를 보게 되면 책에 어떤 내용이 들어있는지 대략적인 느낌이 온다. 이렇게 미리 책과 친해지는 시간을 가지게 되면 무작정 읽는 것보다 훨씬 효율적인 책 읽기를 할 수 있다. 이어서 프롤로그와 에필로그를 읽어보고 번역본이라면 역자 후기를 미리 읽어보는 것도 좋다.

이제 본문으로 넘어가 보자. 본문을 읽을 때는 기록이 중요하다. 책을 읽다가 중요하게 여겨지는 문장은 밑줄을 치거나 노트나 핸드폰으로 옮겨 적는다. 읽으면서 기록을 하는 이유는 잊어버리기 전에 정리를 해 두기 위함이다. 읽다가 마음에 드는 문장이 나오면 표시해 두고 그에 대한 자신의 생각과 느낌을 미리 적어 두면 리뷰 쓸 때 걸리는 시간도 줄일 수도 있다. 리뷰를 수월하게 쓰기 위한 준비 작업이라고 봐도 된다.

노트나 핸드폰에 바로 기록하는 것 외에 포스트잇을 활용하는 방법도 추천하고 싶다. 책을 읽다가 메모를 한 답시고 PC나 핸드폰을 들여다보다가 다시 책으로 돌아

오지 못하는 경우가 많다. 그런 걸 방지하려면 읽기를 멈추지 않되 미리 표시해 두고 나중에 정리하는 방법을 쓰는 것이 좋다. 그렇게 책을 다 읽은 다음, 표시 해 둔 포스트잇을 하나씩 떼어 내면서 다시 한 번 내용을 살피다 보면 그것만으로도 리뷰 완성에 큰 도움을 얻을 수 있다. 정답은 없으니 이렇게 저렇게 시도해 보고 가장 편한 방법을 찾아가면 된다.

또 책을 읽으면서 나름의 질문지를 만들어 보는 것도 좋다. 그러면 책 읽기가 훨씬 충실해진다. 질문지를 만드는 것이 처음에는 쉽지 않을 수 있다. 하지만 책 읽기가 저자와 대화하는 것이라고 생각한다면 이 작품을 통해 독자에게 말하려고 하는 것은 무엇일까, 또 어떻게 나의 상황에 적용할 수가 있을까, 하는 기초적인 질문을 떠올릴 수 있다. 질문을 미리 적어 두고 읽을 때마다 떠올려 보는 것도 더욱 깊은 책 읽기를 하는 방법이다. 예를 들면, 내가 주인공과 같은 상황에 놓였다면 어떻게 했을까, 라고 미리 생각하면서 읽는다면 작품의 주인공과 깊은 공감대를 쌓을 수 있다. 처음에는 서툴겠지만 하다 보면 점점 요령이 생긴다.

이제 본격적으로 리뷰를 써보자. 메모한 것들이 글쓰기의 소스가 된다. 하지만 이렇게 준비작업을 했음에도 막상 쓰려고 하면 막막할 때가 있다. 그럴 때는 인용할 문장을 군데군데 배치해 보거나 서두나 마무리 멘트를 먼저 생각나는 대로 써보는 것이 좋다. 그러다 보면 신기하게 쓸 말이 생각나서 제법 긴 글이 만들어진다. 특별한 비법은 없다. 자주 써보는 수밖에 없다.

블로그 공간에서 책을 읽고 글을 쓰기 시작한 지 벌써 5년이 넘었지만, 매번 책을 읽고 리뷰를 쓰는 일이 쉽지만은 않다. 술술 잘 써질 때도 있지만 초안을 써 놓고 며칠에 걸쳐서 수정하면서 끙끙 앓는 날도 있다. 이럴 때는 지금 뭐 하고 있나, 좋은 날씨에 바깥나들이도 못하고 무슨 고생인가, 싶은 생각이 들기도 하지만 또 그 시간을 견뎌내야 좋은 글이 나온다.

글이 잘 안 써지거나 생각이 정체된다고 느낄 때는 마냥 앉아있기보다는 의도적인 기분 전환을 해보는 것도 좋다. 산책하는 것도 좋고, 집안 정리나 청소를 잠깐 하는 것도 좋다. 잠시 다른 환경에서 문제를 바라보다 보면 생각하지 못했던 좋은 아이디어가 떠오른다. 글쓰기도 마찬가지다.

리뷰라는 글을 쓰는 데도 조금의 정성이라도 더 기울이는 이유는 결국 내 이름(닉네임이라 할지라도) 석 자가 들어가는 글이고, 아무렇게나 써서 올리고 싶지 않다는 마음과 한 권의 책이 만들어지기까지 여러 사람의 수고와 정성을 생각하기 때문이다. 어렵사리 그런 과정을 거쳐 나름 만족스러운 리뷰를 완성하게 되면 그렇게 뿌듯할 수가 없다. 많은 소설가들이 작품을 탈고하고 나서 느끼는 후련함이 바로 이런 것이 아닐까.

블로그 활동을 하기 전까지는 감동적이거나 기억해 두고 싶은 책은 따로 선별해서 나만의 노트에 기록했다. 하지만 블로그 활동을 하면서부터는 실용 서적이든 문학 작품이든 가리지 않고 무조건 리뷰를 남긴다는 생각으로 후기를 쓰고 있다. 요즘은 노트에 기록하는 것이 아무래도 힘들다 보니 자연스레 PC에 글을 쓰고 남기는 방식으로 후기를 쓰고 있다. 내 경우 별도의 워드 문서를 띄워

놓고 글을 쓰고 나중에 블로그에 옮겨 붙이는 식으로 한다. 블로그에 직접 리뷰를 써도 되지만 언젠가 힘들게 쓴 리뷰를 통째로 날리고 당황한 적이 있었다. 그 이후부터는 항상 별도의 문서에 먼저 작성한 후 복사, 붙여넣기를 하고 있다. (요즘은 블로그도 자동 저장이 되는 세상이라 이제는 내 방식도 불필요한 세상이 되었다. 그럼에도 가끔 시스템 오류가 일어날 수도 있으니 주의해야 한다.)

2014년부터 띄엄띄엄 독서 후기를 쓰기 시작하다가 2016년 여름, 본격적으로 블로그를 시작하면서 2020년 4월까지 쓴 리뷰들을 정리해 보았는데, 무려 A4 용지 기준으로 650매 분량이나 되어서 놀랐다. 책과 함께했던 시간과 기억들이 오롯이 그 안에 저장되어 있다. 언제든 접속만 하면 책을 읽었던 당시의 느낌과 생각들이 소환될 것이다.

처음에는 리뷰를 쓴다는 것이 어떤 것인지 잘 모른 채 시작했다. 번역 공부 때문에 가입한 카페에서 책을 받고 첫 리뷰를 쓰기 시작했는데, 서평 글을 게재하는 공간으로 블로그가 있어야 한다고 했다. 마침 인터넷 서점 예스

이십사의 회원이었기 때문에 바로 블로그를 개설하고 글을 올리기 시작했다. 그렇게 갑작스레 시작했기에 남들이 어떻게 쓰는지 살펴볼 틈이 없었다. 그러다 작년 4월에 읽었던 나민애 교수의 책 『책 읽고 글쓰기』에서 서평이라는 것이 무엇인지 알게 되었다. 이 책에서는 '독서를 위한 독서'와 '서평을 위한 독서'로 구분하면서 '감상 → 비판 → 학문(이론화)'의 과정으로 독서 과정을 설명하고 있었다. 그러면서 감상에만 치우치게 되면 독후감이 되고, 자신의 생각을 어필하는 비판 단계가 리뷰라고 말했다. 그리고 마지막 단계는 자신만의 이론이 되는 학술 논문이라고 했다.

사실 우리는 리뷰, 후기, 서평, 독후감이라는 단어들을 혼용해서 쓰고 있다. 이 차이를 명확히 이해하고 블로그 등으로 글을 남기는 분도 드물다. 나 역시도 이런 차이를 모르고 시작했다. 이 글을 읽는 독자들은 독후감(감상)과 리뷰(비평)의 차이를 명확히 알고 후기 쓰기를 시작했으면 좋겠다. (리뷰의 다른 말로 서평이 있다. 후기는 독후감, 리뷰를 모두 아우르는 말이다. 말 그대로 독서 후에 남기는 기록이다.)

후기 잘 쓰는 법 팁(정리)

1. 맨 먼저 목차를 훑어본다.

2. 이어서 프롤로그와 에필로그 등을 읽어본다. 번역서라면 역자 후기가 있는지도 살펴보고 먼저 읽어도 좋다.

3. 본문을 읽을 때 중요 문장을 만나게 되면 밑줄을 긋거나 노트나 핸드폰 등으로 옮겨둔다. 메모한 것들이 리뷰의 재료가 되고 인용할 문장이 된다.

4. 질문지를 미리 만들어보는 것도 좋다. 같이 읽는 사람이 있다고 생각하고 그 사람에게 묻고 싶은 의견이나 감상 등을 질문으로 미리 적어보는 것이다.

5. 뭐니 뭐니 해도 자주 쓰는 것만큼 효과적인 것은 없다.

독서 후기를 꾸준히 쓰는 법

앞 꼭지에서 독서 후기 잘 쓰는 법을 배웠으니, 이번에는 중단하지 않고 꾸준히 쓰는 방법에 대해서 알아보자. 무슨 일이든 마찬가지겠지만 너무 잘하겠다고 처음부터 욕심 부리게 되면 스트레스가 되고 오래하기가 어렵다. 그래서 일단은 잘 쓰는 것 대신 꾸준히 쓰는 것에 목표를 두는 것이 좋다.

글쓰기 공간은 블로그가 좋은데, 타 블로거들과 소통이 늘어나게 되면 이 또한 꾸준한 글쓰기를 할 수 있는 이유가 된다. 그리고 꾸준히 쓰다 보면 우수 리뷰어에 뽑히는 기쁨도 누릴 수도 있다(인터넷 서점이나 네이버 등에서는 좋은 리뷰/리뷰어를 선정하는 일을 꾸준히 한다). 하지만 이것도 적당한 선에서 누려야지, 그것 자체를 목표로 하면 스트레스가 되기 쉽다. 좀 더 잘 써보려고 욕심을 부리게 되면 오히려 더 잘 안 써진다. 그럴 때는 욕심을 내려놓고 힘을 탁 빼고 편안한 마음으로 내가 느낀 바를 잘 담으려는 노력이 중요하다. 이런 마음으로 쓴 글이 우수 리뷰 코너에 보란 듯이 올라오면 뜻밖에 큰 기쁨을 맛보게 된다. 이렇게 한 편 한 편 리뷰가 쌓이다 보면 나도 모르는 사이에 글쓰기 실력은 늘게 마련이다.

리뷰 대회에 나가보는 것도 글쓰기를 지속하는데 좋은 자극이 된다. 주변에 찾아보면 의외로 리뷰 대회가 많다. 지역 도서관에서 주최하는 행사에서부터 지자체 백일장 그리고 간혹 신문사와 출판사, 인터넷 서점의 협찬으로 개최하는 리뷰 대회 이벤트까지. 각종 이벤트는 글쓰기 실력을 점검해 볼 좋은 기회가 된다. 리뷰 대회의 또 다른 좋은 점은 평소에 잘 읽지 않았던 분야의 책도 대회 참여라는 명분으로 읽어 볼 기회를 가지게 된다는 것이다.

나는 2018년 12월에 KAIST 정재승 교수의 책『열두 발자 국』리뷰 대회에 참여한 적이 있다. 인터넷 서점에서 주 최하는 행사였는데, 과학에 문외한인 내가 우수상에 입 상하여 10만 원 상당의 서점 이용 적립금을 받았다. 크다 고 할 수는 없지만 이런 소소한 기쁨을 누리게 되면 글쓰 기를 꾸준히 하고 싶다는 계기와 동기부여를 계속 얻게 된다.

2020년에는 강상중 저자의 에세이『만년의 집』을 너무 감동적으로 읽었는데, 어떻게 하면 리뷰를 잘 쓸 수 있을 까 고민을 많이 했다. '자이니치'(재일교포)로 살아오면서 온갖 차별을 견디며 살아야 했던 어머니와 할머니 세대 의 아픔이 절절히 전해진 책이었고, 일본 사회를 향한 날 카로운 비판을 서슴지 않던 지식인의 고뇌를 알려 준 책 이었다. 어떻게든 글 속에 담긴 작가의 마음에 위로와 공 감을 표현하고 싶었다.

그렇게 한참을 궁리하던 끝에 떠오른 아이디어가 편지 형식으로 후기를 써보는 것이었다. 물론 작가에게 직접 전하고자 쓰는 편지는 아니지만 책을 읽는다는 것이 저자와 대화하는 것이라 하지 않던가. 그렇게 감정 이입을 하며 처음으로 편지 형식의 리뷰를 썼다. 내가 읽어도 만족스럽고 뿌듯한 마음이 든 리뷰였다. 생각만 조금 달리했을 뿐인 데도 리뷰는 새로운 기운을 얻었고 결국 '우수 리뷰'로 선정이 되었다.

독서 후기를 쓰는 일 자체는 단순하지만 적극적인 질문을 추가함으로써 한층 의미 있는 글쓰기, 자신감 있는 글쓰기로 나아갈 수 있는 훌륭한 도구가 된다. 그래서 책과 친해지고 싶은 사람이라면 책을 읽고 글을 쓰는 좋은 습관을 키워보라고 말하고 싶다. 일주일에 한 권 아니면 한 달에 한 권 등 처음에는 이런 소박한 목표가 좋다. 작은 목표를 이룬 성취감은 좀 더 큰 목표로 나아가게 하고 그러는 동안 독서가 즐거운 일이란 것을 알게 된다.

그리고 마지막으로 덧붙이고 싶은 얘기가 있다. 이 책을 읽는 분들이라면 평소 책을 좋아하는 분들이고 오랫동안 읽어 오셨을 것이다. 그리고 그런 분들이라면 이런 생각을 한 번쯤 했을지도 모른다.

"언제까지 이렇게 남의 책만 읽고 써야 하나?"

나도 이런 생각이 들었을 때 책 쓸 기회를 얻게 되었다. 사람 일이란 게 정말 어떻게 될지 아무도 모른다. 그러니 써야 한다. 어떤 장르의 책이든 불문하고 쓸 수 있어야 한다. 읽기만 하고 끝내면 내 것이 되지 않는다. 마음에 들어도 혹은 마음에 들지 않더라도 그냥 습관적으로 쓰다 보면 자기도 모르게 글쓰기 실력이 늘게 되어 있다.

책 읽기를 즐기는 사람이라면 자신의 이름으로 된 책을 내는 것에 로망을 품고 있다. 그럴수록 책을 읽고 후기 쓰기를 게을리하지 말아야 한다. 다시 강조하지만 독서 후기는 최고의 글쓰기 훈련이다. 나탈리 골드버그는 자신의 책 『뼛속까지 내려가서 써라』에서 '글쓰기는 자유를 향해 헤엄칠 수 있는 위대한 기회다'라고 하면서 그 기회를 놓치지 말라고 했다. 더불어 '글쓰기는 글쓰기를 통해서만 배울 수 있다'고 했다. 대가 열 사람을 만난다 하더라도 그것만으로는 글쓰기를 배우지 못한다고 했다. 얼마나 다행이고 위안이 되는 말인가? 그러니 쓰자. 그렇게 읽고 쓰는 시간이 쌓이면 그동안의 수고에 대한 보상을 누릴 때가 반드시 온다. 그리고 그때가 당신의 인생을 바꿀 수 있는

'터닝 포인트'가 될지도 모른다. 나처럼 말이다.

독서 후기 쓰기 팁(추가) ─────────────

1. 다른 블로거들의 리뷰를 읽는 것도 많은 도움이 된다. 같은 책이라도 읽는 사람의 상황이나 관점이 다르므로 나의 글과 비교할 수 있고 내가 미처 포착하지 못한 부분을 확인할 수도 있다. 그런 다음 내 글쓰기에 적용해 보자.

2. 독서 후기를 쓸 때 너무 많은 내용(인용)을 담으려고 하지 말자. 두세 개로 압축해서 쓰고 자기의 경험이나 체험을 적당히 조합하여 쓰는 것이 낫다. 인용이 너무 많으면 그냥 줄거리를 전달하는 것밖에 안 된다.

3. 독서 후기를 한 번도 써보지 않던 사람이 갑자기 쓰려고 하면 생각보다 쉽지가 않다. 이럴 때는 글쓰기 항목을 미리 정해두는 것도 좋다. 예를 들면 '인상 깊은 문장' '내가 배운 것' '독서 이후 반드시 실천할 것' 등이다.

4. 글쓰기 관련 책을 찾아 읽어보는 것도 좋다. 개인 지도를 받는 것처럼 자세하게 배울 수 있다. 추천하는 책으로 〈씨네21〉 이다혜 기자의 『처음부터 잘 쓰는 사람은 없습

니다』, 책 쓰기 코치 이은화의 『너에게만 알려주고 싶은, 무결점 글쓰기』, 칼럼리스트 니콜 굴로타의 『있는 그대로의 글쓰기』 등이다. 앞의 두 권이 기술적인 면에서 글쓰기 방법을 알려준다면, 뒤의 책은 글쓰기를 지속할 수 있도록 마음을 이끌어 준다.

고전을 읽는 법

큰 아이가 군대를 갓 제대한 후였나, 『논어』가 책장에 꽂혀 있는 걸 발견했다. 아들이 군 복무 중에 이런 책도 읽었구나, 싶어 미소가 지어졌다. 『논어』야말로 고전 중의 고전 아닌가. 나도 오랫동안 부담만 안고 있다가, 몇 년 전에 겨우 완독을 끝냈었다. 그때 읽은 책 역자의 말에 재미있는 부분이 있었다.

"논어를 알고 싶다면 그냥 논어를 읽으면 된다. 꼭 앞에서부터 차례로 읽을 필요도 없고, 끝까지 다 읽지 않아도 좋다. 그저 틈날 때 펼쳐 보면서 '성인이 한 말이란 이런 것이구나' '이런 인간도 성인이구나' 라고 생각하고 지나치면 된다. 그러다 가슴에 와 닿는 구절을 만나면 한 번 미소 지으면 그만이다."

아니, 귀한 공자님 말씀을 이렇게 가벼운 마음으로 만나도 되는 거였나? 웃음이 났다. 제대로 정좌하고 반듯하게 앉아서 읽어도 모자랄 것 같은데 그냥 만만하게 읽으라니. 사실 그 말은 『논어』는 '성인 공자'보다는 '인간 공자'를 다루는 책인만큼, 우아하고 정돈된 프리즘을 통해서는 공자의 진짜 모습을 느낄 수 없으니 편하게 혹은 가볍게 읽으라는 역자의 말이었다.

고전은 몹시 어렵다는 선입견과 함께 언젠가는 읽어야지 하면서 자꾸만 미루게 되는 책이다. 시간이 나면 읽어야지, 이 일이 끝나면 읽어야지, 그렇게 생각하지만 그런 기회는 곧잘 오지 않는다. 그래서 고전은 앞서 역자의 말대로 우연히 펼쳤다가 한 권 두 권 읽어가며 가랑비 옷 젖듯 친해지는 것인지도 모르겠다.

『논어』의 처음 시작인 〈학이學而〉편의 "배우고 때때로 익히면 또한 기쁘지 아니한가? 벗이 있어 먼 곳에서 찾아오면 또한 즐겁지 아니한가? 남이 알아주지 않아도 성내지 않는다면 또한 군자답지 아니한가?"는 너무나도 유명한 문장이다. 논어를 읽어본 적이 없어도 이 문장들은 한 번씩 접해본 적 있을 정도다. 『논어』를 가벼운 마음으로 읽는다고 했을 때 논어의 첫 구절은 결국 친구 얘기고 공부 얘기다. 그 속에 어떤 심오한 메시지가 숨어있을지는 모르겠지만, 문구 자체만 보면 일상의 얘기에 불과하다. 실제 『논어』에는 공자의 혼잣말도 있고 제자들과 함께 세상 살아가는 이치에 대해 웃고 떠드는 이야기도 들어 있다. 가십이라고 생각하고 논어를 읽으면 이 또한 만만하게 고전과 친해지는 방법이다.

나에게 고전의 가벼움을 알려준 또 다른 책은 힘들었을 때 많은 위안을 주었던 마르쿠스 아우렐리우스의 『명상록』이다. 힘든 시기에 마음을 추스르며 읽기도 좋았지만 너무 앞만 보고 달려가는 건 아닐까, 지금 제대로 살고 있는 걸까, 돌아보는 마음으로 읽어도 좋은 책이다. 이 책은 마르쿠스가 외적의 침략을 제압하기 위해 제국의 북부 전선이었던 도나우 지역으로 원정 간 10여 년 동안 쓴

철학 일기로 알려져 있다. 말하자면 '철학자 황제'가 전쟁
터에서 자신을 위해 쓴 일기라 할 수 있다. 아우렐리우스
는 전쟁이라는 외적인 압박감과 무거운 짐으로부터 흐트
러질 수도 있는 자신의 내면을 다스리기 위해 일기를 썼
다. 이 책에서 가장 많이 나오는 말은 '우주의 본성'을 비
롯하여 '인간의 본성' 그리고 '죽음'에 관한 것이다. 개인
의 비망록임에도 우리 마음에 새길 만한 문장들이 가득
하다.

"마치 수천 년을 살 것처럼 살아가지 말라. 와야 할 것
이 이미 너를 향해 오고 있다. 살아있는 동안 최선을 다
해 선한 자가 되라." "우주 안에서 가장 강하고 탁월한 존
재를 존중하라. 그 존재는 바로 만물을 활용해서 지배하
는 존재다. 마찬가지로 너 자신 안에서 가장 강하고 탁월
한 부분을 존중하라." "그 어떤 예기치 않은 온갖 공격에
도 쓰러지지 않고 굳건히 서 있어야 한다는 점에서, 살아
가는 일은 춤추는 것보다는 씨름하는 것과 더 비슷하다."

어떤가? 바로 '지금 이 순간'을 직시하라고 일깨워 주는
명문장 아닌가? 인생이 유한하다는 것을 명심하고 자신

이 가진 것 중에서 가장 강하고 탁월한 부분을 존중해야 한다고 말한다. 그러한 삶의 자세와 태도라면 씨름하는 것만큼이나 고통스러운 삶도 견딜 수 있다고 말해준다. 오늘을 살아가는 우리에게 무엇이 소중한 것인지 일깨워주는 문장이다.

혹자는 고전이 오래전 책이라 오늘의 현실에 적용할 수 있는 내용이 있을까 의심하기도 한다. 하지만 지금까지 사람들에게 읽히는 고전이라면 그런 걱정은 하지 않아도 무방하다. 마르쿠스도 『명상록』에서 이런 말을 했다. "인간의 삶이라는 것은 사십 년을 살펴보든 만 년을 살펴보든 거기에서 거기고 똑같다, 인생에서 더 볼 것이 어디 있겠는가." 그러니 지금 바로 책장을 유심히 살펴보고 언제부터 있었는지 모르게 묵혀 있던 고전을 발견한다면, 미루지 말고 지금 당장 펼쳐 드는 액션을 취해야 한다.

정민 교수는 『오직 독서뿐』이라는 책에서 성현들의 말씀에는 바른 기운이 깃들어 있어 흩어진 마음을 되돌려주고, 가눌 길 없는 기분을 다잡아 가라앉혀준다고 했다. 언어에도 힘과 기운이 있기에 묵직한 책을 읽어야 사람이 변화할 수 있다고 했다. 가끔 머리를 식히기 위한 킬링 타임용 책도 필요하겠지만, 조금은 묵직한 고전을 읽으며 삶의 고귀한 지혜를 얻어가는 것도 괜찮다. 오늘 빼 든 책이 계기가 되어 고전의 매력에 흠뻑 빠지게 될지 누가 알겠는가.

고전을 쉽게 읽는 습관

1. 고전을 읽을 수 있는 완벽한 시간을 기다리기보다는 눈에 띄는 곳에 고전을 놓아두고 자주 펼쳐보는 습관을 가져보자. 그리고 마음에 드는 문장을 발견하면 필사를 해보자. 어느새 좋은 문장의 매력에 끌려 고전과 친해질 수 있다.

2. 대학이나 여러 기관에서 추천하는 고전의 목록을 적어두고 자주 들여다보자. 제목과 작품 이름을 알고 있는 경우가 많아 마치 읽은 것 같은 착각이 들 때도 있지만 읽지 못한 책이 더 많다는 것에 놀라게 된다.

3. 가장 읽어보고 싶은 책 한 권을 도서관에서 빌려 와서 들춰보자. 다 못 읽어도 상관없다. 두꺼운 책일수록 좋다.

부피가 주는 압박감과 아우라를 느껴보자. 자주 고전을 눈으로 보고 손으로 만져보는 일도 중요하다.

4. 고전은 크게 철학, 역사, 문학으로 나눌 수 있는데 문학으로 시작하면 좀 더 쉽게 접근할 수 있다. 그러고 나서 철학이나 역사 분야로 한 권씩 도전해보자. 처음부터 어렵기로 정평이 난 책을 읽기보다 독서의 즐거움을 주는 책부터 완독의 성취감을 맛볼 수 있다면 꾸준한 독서 습관으로 이어질 수 있다.

5. 고전을 소개하는 책의 도움을 받고 고전에 도전하면 책 읽기가 한층 쉬워진다. 클리프턴 패디먼의 『평생 독서 계획』은 '고전을 설명하는 고전'으로 동서양의 고전을 흥미롭게 풀어낸 책이다. 이 책 외에도 찾아보면 일종의 해설서 같은 책이 많이 나와 있다.

시를 읽는 법

"엄마, 이 책 한번 읽어보세요."

어느 날 군 복무 중 휴가를 나온 작은 아이가 책 한 권을 내게 건넸다. 정재찬 교수의 『시를 잊은 그대에게』였다. 이미 들어본 적 있는 책이었다. '공대생의 가슴을 울린 시 강의'라는 부제가 달린 에세이였다. 아이가 평소 시집을 읽는 모습은 종종 보았던 터라 반갑기도 하고 대견한 마음이 들기도 했다. 그러면서 많은 생각이 꼬리에 꼬리를 물고 이어졌다.

문득 떠오르는 에피소드 하나. 무려 20년도 더 된 오래

된 애기다. 결혼하기 전 연애 시절, 나와 남편은 종종 편지를 주고받곤 했는데, 어느 날인가 편지에는 시 몇 편이 들어 있었다. 그중 기억에 남는 시가 하나 있었다. 몇 번을 읽어봐도 여운이 남는 근사한 시였다. 이 시를 직접 쓴 걸까? 궁금한 마음에 며칠을 벼르고 있다 물어봤더니 긍정도 부정도 하지 않고 웃기만 했다. 그리고는 까맣게 잊어버리고 살다 십 년도 훨씬 더 지난 어느 날, 천상병 시인의 시집에서 그 시를 발견하고 말았다. 〈강물〉이라는 시였다. 당시 시립 합창단 단원이었던 남편은 그 시를 나에게 연시처럼 적어 보낸 것이었다. 뒤늦게서야 그걸 알고 얼마나 한참을 웃었는지 모른다.

다들 한때는 시를 좋아하던 문학 소녀, 문학 소년이었다. 하지만 어느 순간부터 시를 잊은 채 살아가고 있다. 학교 다닐 때 교과서에서 시를 본 이후로 한 번도 본 적이 없다는 사람도 있고, 전철 역 스크린도어에 있는 시를 본 게 전부라는 사람도 있다. 우리는 왜 이렇게 시에서 멀어졌을까. 세상이 너무 빨라져서 그런 걸까? 영화 『죽은 시인의 사회』에서 키팅 선생님은 "시가 예뻐서 읽는 게 아니다, 우리가 인간이기 때문에 읽고 쓰는 거다"라고 했다.
나쓰메 소세키도 『풀베개』에서 이렇게 말했다. "살기 어
려운 곳을 어느 정도 편하게 만들어서 짧은 생명을 한동
안만이라도 살기 좋게 만들어야 한다. 그렇기 때문에 시
인과 화가가 태어나고 예술을 하는 모든 사람들은 인간
세상을 느긋하게 만들고 사람의 마음을 풍성하게 해주는
까닭에 소중하다." 정말 공감할 수 있는 문장이 아닌가.

시를 읽다가 시인의 관찰력에 감탄한 적이 있다. 시인
은 우리가 놓치고 있는 것을 눈앞에 생생하게 그려내는
선수들이다. 함민복 시인의 시집 『말랑말랑한 힘』에 들
어있는 〈호박〉이라는 시를 읽다가 그런 경험을 한 적이
있다. 이 시의 두 번째 연을 잠깐 보자.

"봄이라고 호박이 썩네 / 흰 곰팡이 피우며 / 최선을 다
해 물컹물컹 썩어 들어가네 / 비도 내려 흙내 그리워 못
견디겠다고 / 썩는 내로 먼저 문을 열고 걸어나가네 / 자,
出世다"

겨우내 늙은 호박을 갖고 있다가 봄이 될 무렵 썩어서
내다 버린 적이 있는 사람이라면 백 퍼센트 공감할 수 있

는 내용이다. 물컹물컹 썩어서 냄새가 나니 내다 버릴 수밖에 없는데, 이를 중의적 의미로 '출세'했다고 재치있게 표현했다. 호박이 썩으면 내다 버릴 줄만 알았지 이런 생각을 해본 적 없던 내가 이 시를 읽고 시인의 생각에 감탄하지 않을 수 없었다. 이처럼 시인의 관찰력과 사유는 보통 사람들에게 언어유희의 즐거움은 물론 경이로움까지도 선사한다.

시를 읽으며 감탄을 배우면 일상에서의 우리 시선도 조금은 달라진다. 주변의 사물을 좀 더 자세히 관찰하게 되고 잃어버린 감성을 서서히 되찾을 수 있게 된다. 이것이 우리가 시를 읽어야 하는 첫 번째 이유이며 장점이다. 그리고 또 다른 이유 하나를 더 들자면 틈새 시간에 읽어도 좋은 것이 시다. 바쁜 일상에서도 작은 틈이 생기면 읽을 수 있는 것이 시 한 편이다. 시에 여백이 있듯 우리 일상에도 여백이 필요하다. 활자로 가득 찬 페이지와 만연체의 긴 문장 같은 생활을 견디기 위해서도 가끔은 쉼이 필요하다. 한두 페이지에 걸쳐 있는 시 한 편은 그 자체로 여백의 미가 있다. 활자화된 장르 중 가장 경제적이고 효율적인 예술이 시가 아닐까.

하지만 무엇보다도 시를 읽어야 하는 진짜 이유는 따로 있다. '한국의 움베르트 에코'로 알려진 김용규 작가는 자신의 저서 『생각의 시대』에서 아리스토텔레스의 『시학』을 언급하며 '우리가 시를 읽고, 낭송하고, 외운다는 것은 단순히 감성적 취향을 고양시키는 일이 아니다'라고 했다. '우리의 뇌 안에 은유를 창출하는 신경망을 새롭게 구축하는 작업이다'라고 했다. 간단히 말하면, 시 읽기를 통해 은유를 배우면 천재나 갖고 있을 법한 두뇌력을 키울 수 있다는 얘기다. 그렇다고 호메로스, 아르킬로코스, 삽포 같은 고대 그리스의 시만 읽어야 한다는 의미는 아니다. 흔히 '한국의 명시'로 불리는 시를 읽어도 충분히 그 같은 효과를 누릴 수 있으니, 자주 낭송하고 암송하는 것을 해보라고 했다.

김용규 작가는 이어서 아이들에게도 동시집 한 권을 들려주라고 했다. 개인적으로 이 내용을 접하고 무척 놀랍기도 하고 감동을 하기까지도 했다. 왜냐면 내가 아이들이 어릴 때 영재교육을 한답시고 시를 활용한 적이 있는데, 내 생각이 틀리지 않았구나 확인할 수 있었다.

지금은 예전처럼 자주 시집을 접하진 못하지만, 학창 시절부터 국어를 좋아했기에 꾸준히 시를 접하며 살았다. 20대에는 칼릴 지브란의 『예언자』라는 시집을 끼고 살았고, 그 이후에는 프리드리히 횔덜린, 장석남, 문태준, 도종환, 허수경, 김용택, 류시화 시인의 시집을 읽었다. 그리고 근래에는 바쇼의 하이쿠 선집을 읽기도 했다. 시에서 멀어지지 않으려고 나름 노력했다. 하지만 그럼에도 시 읽는 시간이 확실히 줄어든 것은 사실이다.

지금부터는 개인적으로 하고 있는 시 읽기 방법을 소개해보겠다. 시와 친해지고 싶은 분들은 참고하면 좋겠다.

첫 번째는 낭송하기이다. 학창 시절에 친구들과 함께 시를 낭송하고 암송하며 시험을 보기도 했던 기억을 누구나 갖고 있다. 시는 소리 내어 읽어야 제맛이다. 읽으면 운율이 살아나고 시인의 마음을 들여다보듯 공감하며 읽게 된다. 시를 읽는 우리 마음은 이미 시인과 다름없다. 그런데 성인이 되고 사회생활을 하면서부터 시에서 점점 멀어진다. 숨은 뜻과 의미를 사유하기보다는 눈에 보이는 것에만 집중한다. 그렇게 길드는 사이 은유가 파고들 틈은 없다. 시를 읽고 음미하는 것은 결국 독자의 몫이라고 시인들은 말한다. 그러니 있는 그대로 시를 온몸으로 느껴야 한다. 낭송은 온몸으로 시를 느끼는 가장 기본적인 방법이다. 소리를 내기 위해 호흡을 가다듬고 내 입과 혀를 움직여 소리의 파장을 만들어 내면 이것은 주변을 울리고 돌고 돌아 내 귀로 다시 돌아온다. 이 과정은 마치 시의 언어를 살리고 다시 마음속에 되새기는 과정과 같다.

두 번째는 필사하기이다. 책을 읽으면서 마음에 드는 문장을 발견하고 필사했던 경험이 있을 것이다. 손으로 직접 베껴 쓰든, 블로그에 포스팅하든 좋은 글귀를 옮겨 적으며 한 번 더 뜻을 되새기는 것은 아주 유익하다. 나는 필사야말로 나의 '온 몸을 통과시키는' 책 읽기라고 생각한다. 시의 깊은 맛을 음미하기에 필사만한 방법도 없다. 나는 일본어 공부를 하며 99세에 시인이 된 시바타 도요의 시집 『약해지지 마』에 들어있는 시를 한 편씩 모두 번역하고 필사를 해 본 적이 있다. 시를 필사하게 되면 그냥 한번 읽고 마는 것에 비해 조금 더 가슴 속에 시가 스며드는 것을 느낄 수 있다. 나는 『약해지지 마』를 필사하면서 노년이 되었음에도 맑은 마음을 갖고 소소한 것에서 행복을 찾으려는 노시인의 순수한 마음을 느낄 수 있었다.

시 읽기 방법 세 번째는 반복하여 읽기이다. 시는 어렵다는 선입견이 있다. 시어詩語는 함축 미美가 있어서 풀어 쓴 문장을 읽고 이해하는 것에 비하면 어렵게 느껴지는 게 사실이다. 시가 어렵다, 무슨 소린지 모르겠다 하는 것도 이 때문이다. 이럴 때는 교과서에서 배웠던 친숙한 시부터 여러 번 반복해서 읽어보는 것이 중요하다. 그렇게 몇 번을 반복하다 보면 시인이 하고자 하는 말의 의미나 마음이 전해져 온다.

네 번째는 '나만의 애송 시집'을 만들어 보기이다. 애송 시가 있는지 누가 묻는다면 선뜻 답하지 못하는 사람이 많다. 나는 고교 시절 '나만의 애송 시집'을 만들어 본 적이 있다. 좋아하는 시를 직접 써서 시집을 만들어 제출하라는 학교 과제 때문이었다. 외국 시와 한국 시, 이렇게 파트를 나누고 필사를 하고 간단한 그림까지 그려 넣으며 정성을 들였던 기억이 난다. 확실히 그렇게 읽었던 시들은 더 애정이 생기고 오랫동안 기억을 하게 된다. 지금은 출력(인쇄)도 쉬운 세상인 만큼 누구나 깔끔하게 자기만의 애송 시집을 만들 수 있다. 번거로우면 그냥 노트에 필사해서 모으는 것도 나쁘지 않다.

다섯 번째는 아이들과 함께하는 것이다. 나는 큰 아이가 생후 6~7개월 되었을 때부터 시를 들려준 적이 있다. 시 낭송 비디오 테이프와 책자, 동요 비디오 테이프, 낱말 카드로 구성된 영재 교육 자료를 활용했다. 시와 어울리는 아름다운 영상에 멋진 성우의 목소리로 유치환의 〈깃발〉, 김수영의 〈폭포〉, 이육사의 〈광야〉, 천상병 시인의 〈귀천〉 등의 시를 아이들과 함께 읽고 들었다. 사실, 시도 때도 없이 들려주었다고 하는 게 좀 더 정확할 것 같다. 한창 어릴 때라 아이들에게 어떤 효과가 있었는지 꼬집어 말하긴 어렵지만, 시를 그렇게 접하고 아이들과 함께한다는 것 자체가 좋았다. 그렇게 아이들이 5~6세가 될 때까지 들려주었던 것 같다. 또래 아이들보다 말이 더뎌 걱정했던 큰 아이는 이제 모국어 외에도 두 개의 언어를 자유롭게 구사하고 있고, 작은 아이는 음악을 하고 있다. 두 아이 모두 학원 교육 같은 것 없이 그렇게 키웠으니 모두 시 덕분이라고 뻥을 쳐도 나쁘진 않을 것 같다. 아이들은 멋모르고 들었겠지만 시와 동요의 아름다운 리듬이 지금까지도 아이들 머릿속 저 깊은 곳에 새겨져 있지 않을까 생각한다.

여섯 번째는 최근에 내가 가장 자주 쓰는 방법이다. 유튜브에 '시 낭송'이라고 검색을 해보면 생각 이상으로 많은 영상이 올라와 있다는 것을 발견할 수 있다. 역시 유튜브에는 없는 것이 없다. 유명 시인의 시부터 베갯머리 시까지. 정말 다양한 테마의 시가 영상과 함께 준비되어 있다. 낭송 시를 듣고 있으면 마음이 편안해지고 명상하는 느낌이 든다. 휴식 시간이나 잠깐 짬이 날 때 들어도 좋다. 요즘 내가 즐겨하는 시 읽기 방법이다. 한두 번 영상을 보고 나면 자동으로 맞춤 시를 계속 배달해주니 뭘 읽어야 할지 고민할 필요도 없다.

시 읽기를 통해 잃어버린 감성을 되찾아보자. 바쁜 일상에서도 잠깐 틈새 시간을 활용하며 시를 읽는다면 이

전에 느끼지 못했던 마음의 여유가 생긴다. 그날이 그날 같은 똑같은 일상이라도 시와 함께한다면 매일이 새롭고 삶의 의미와 행복감도 함께 느낄 수 있다.

시간을 쪼개 책을 읽는 법

우리 가족이 좀 힘든 시기를 보낼 때였다. 법무사 사무실 사무장으로 20년 가까이 근무하던 남편이 갑작스럽게 실직을 하게 된 일이 있었다. 의뢰인이 맡긴 수수료 3만 원 짜리 말소 사건이 복잡하게 얽히면서 법무사에게 거액의 과태료가 부과되고, 결과적으로 남편에게 불똥이 떨어진 일이었다. 남편은 물론 평화로운 삶을 살아가던 우리 가족에게도 엄청나게 충격적인 일이었다. 중산층(?) 같았던 삶이 나락으로 떨어지는 기분이었다. 이 때문에 경제적 문제가 꼬이면서 여러 번 이사도 하게 되고 몸도 지치고 마음도 지치고 아이들에게도 미안해하던 시절이었다.

나는 그때 TV 보기를 끊고, 책 읽기에 집중했다. 그동안 책을 좋아해서 꾸준히 읽기는 했지만, 의식적으로 '집중적인 책 읽기'를 해 본 적은 없었다. 취미로 하던 독서에서 벗어나 자기계발서 작가들이 말하는 삶의 변화를 온몸으로 경험하고 싶었다. 한마디로 '생존'하고 싶었다. 조금은 의도적으로 자기계발서를 집중적으로 읽었다. 그런데 자기계발서를 쓴 작가들이 소개하는 자신의 독서량이 모두 어마어마했다. 『나이 서른에 책 3,000권을 읽어봤더니』라는 이상민 작가의 책은 제목만으로도 충분히 압도당하는 기분이 들었다. 천 권도 아니고 삼천 권이라니. 나는 언제쯤 그만큼 읽을 수 있을까, 저만큼 읽어야 지금의 현실을 버틸 수 있다는 것인가. 감탄과 조바심이 나지 않을 수 없었다.

하지만 그들을 따라 책을 하나씩 늘려가는 독서 과정은 힘든 시간을 잊기에 충분했다. 참 행복했다. 비로소 내가 내 삶의 주인공으로 살아가는 듯한 기분이 들었다. 그리고 이렇게 내가 좋아하는 책과 함께라면 언젠가 나의 삶도 바뀌지 않을까 하는 희망도 품을 수 있었다. 그동안 은 스트레스를 풀기 위해 TV를 보았지만, 그것을 하지 않는다고 해서 큰일이 나는 것도 스트레스를 풀지 못하는 것도 아니었다. 사람은 쉽게 변하지 않는다고 했지만, 마음만 먹으면 언제든 바뀔 수 있는 것이 또 사람이었다.

김병완 작가의 『48분 기적의 독서법』이라는 책도 이때 만났다. 책에는 내로라하는 독서가들의 이야기와 자투리 시간 활용법, 몰입 독서법 등 독서와 관련된 다양한 읽을 거리가 있었다. 3년 독서 법칙을 실천한 CEO 소프트뱅크의 손정의 회장(B형 간염으로 꼬박 3년을 병원에 입원해 있으면서 이때 4천 권을 독파했다고 한다), 감옥을 도서관으로 삼았던 고故김대중 대통령, 세계 최고의 독서가로 불리는 알베르토 망구엘까지. 최고의 독서 대가로 불리는 분들의 이야기가 가득했다.

김병완 작가는 '48분'이라는 시간의 의미를 90세까지 사는 인생이라고 보고, 이를 하루 24시간에 비유하면 48 분이란 시간은 3년에 해당한다고 했다. 그리고 인생을 기적처럼 바꾸기 위해서는 매일 48분을 투자하여 3년 동안 1천 권의 책을 읽어야 한다고 주장했다. 48분씩 책을 읽는 것은 할 수 있겠는데, 3년 만에 1천 권의 책을 과연 읽을 수 있을까? 작가는 읽는 속도와 책의 난이도는 개인차가 있기 마련인데, 이 점을 보완하는 차원에서 오전과 오후 각각 48분의 시간을 내서 읽으면 되고, 끊임없는 책 읽기를 하다 보면 읽는 속도가 빨라져서 3년 동안 1천 권 독서가 불가능한 일이 아니라고 했다. 그리고 48분은 우리가 일상에서 자기도 모르게 흘려버리는 자투리 시간의 총합을 의미하기도 한다고 했다. 그런 만큼 3년 동안 1천 권 읽기는 마음만 먹으면 누구든 할 수 있다는 주장이었다.

하루 48분이라니. 마음먹기에 따라 실천 의지만 있으면 누구나 가뿐하게 독서에 활용할 수 있는 시간이 아닌가. 김병완 작가는 이 방법으로 우선 1년 동안 독서를 해보라고 했다. 그리고 평생 1천 권을 읽는 것과 3년 동안 1천 권을 읽는 것은 다르다고 했다. 혁신적인 삶의 변화를 위해서는 '삶의 임계점'이 필요한데, 그 임계점이란 의식과 사고가 비약적으로 팽창하여 인생이 획기적으로 전환되는 시점이라고 했다. 삶의 변화를 꿈꾼다면 이 '임계점'을 독서를 통해서 체험할 수 있으며 1천 권은 그런 상징성을 가진 숫자라고 했다.

나는 그때부터 시작해서 3년 반 동안 350여 권을 읽었다(블로그로 서평단 활동을 본격적으로 하기 전이었다). 읽는 속도가 느린 나로서는 저자의 말처럼 하루 한 권을 읽는 것은 불가능했지만 그래도 적은 숫자는 아니었다. 자기계발서를 중심으로 읽긴 했지만 경제, 문학, 독서법, 시집 등 정말 다양한 책을 읽었다. 김병완 작가의 말처럼 1천 권까지는 아니어도 충분히 만족스러운 독서였다. 그중 대표적으로 꼽고 싶은 책은 엘리자베스 퀴블러 로스의 『인생 수업』, 밀란 쿤데라의 『참을 수 없는 존재의 가벼움』, 설기문 박사의 『Only One, 내 삶을 움켜쥔 오직 한 가지』, 말콤 글래드웰의 『아웃 라이어』, 스콧 피츠 제럴드의 『위대한 개츠비』, 마스시타 고노스케의 『마스시타 고노스케, 길을 열다』, 벤저민 프랭클린의 『프랭클린 자서전』, 몽테뉴의 『몽테뉴 수상록』, 호메로스의 『일리아스』, 버트

런드 러셀의『인생은 뜨겁게』, 정혜윤의『삶을 바꾸는 책 읽기』, 홍상진의『그들은 어떻게 읽었을까』, 슈테판 볼만의『책 읽는 여자는 위험하다』, 세스 고딘의『이카루스 이야기』, 그리고 함민복, 문태준, 허수경 시인의 시집 등 이었다.

이 책들은 모두 유명한 책이면서 세간에 많이 알려진 책이다. 베스트셀러가 흔히 알맹이가 없다고 치부될 수가 있는데, 나는 그렇게 생각하지 않는다. 내가 읽은 책은 베스트셀러였지만 어떤 책보다 나에게 용기와 힘을 가져다주었다. 그런데 그렇게 열심히 읽었건만 지금 생각해도 아쉬운 것은 독서 후기를 남기지 않아 그 책들에 어떤 내용이 있었는지 지금은 기억조차 가물가물 하다는 것이다. 이 책을 읽는 독자들에게 미리 간곡하게 권하고 싶다. 책을 읽고 나서는 짧게라도 무조건 독서 후기를 쓰라고.

1천 권까지는 아니지만 3백 권이 넘는 책을 읽을 수 있었던 데에는 독서를 통한 현실 극복이라는 의지도 있었지만, 무엇보다 TV 보기를 그만두는 독서 환경을 만들었기에 가능했다. 그렇지 않았다면 아마도 그 시간 동안 그렇게 많은 책을 집중적으로 읽어내지 못했을 것이다. 그리고 TV를 끄고 책을 읽으면서 나는 '나만의 독서 학교'를 작성했다. 김애리 작가의 책 『여자에게 공부가 필요할 때』를 읽고 무작정 손에 잡히는 대로 읽는 것보다는 전략적인 독서 방법으로 자신만의 독서 목록을 만들어야 한다는 것을 접하고 따라한 것이었다.

그리고 여기에 추가로 한 가지 더 따라한 것이 있는데, 그것은 5시간 수면법이다. 이동연 작가의 『잠자는 기술』이라는 책에서 배웠는데, 처음부터 단번에 잠을 줄이는 것이 아니라 평소보다 10분, 20분, 30분 이렇게 서서히 기상 시간을 단축하는 방법이었다. 하지만 나는 새벽 독서를 몇 개월 실천하다가 너무 힘들어서 그만두고 말았다. 내 경우 수면 시간을 7시간은 확보해야 하는데, 잠자는 시간까지 줄여가면서 책을 읽을 자신은 없었다. 그래서 무조건 잠을 줄이는 것보다 낮 동안 쓸데없이 흘려보내는 시간이 없도록 그 시간을 잘 활용하는 것이 낫겠다는 생각을 했다. 나에게 있어서는 핵심이 시간 관리였다. 어떤 책을 어떤 식으로 읽느냐도 중요하지만 가장 중요한 것은 어떻게 하면 책 읽을 시간을 많이 확보하느냐였다.

　보통 우리는 늘 시간이 없다고 동동거리는데, 시간을
온전히 자기편으로 만든 위인도 있다. 내가 20대 때 읽고
놀라움을 금치 못했던 책 『시간을 지배한 사나이』(현재
는 『시간을 정복한 남자, 류비셰프』로 재출간 되었다)는 구소련
의 곤충분류학자이자 해부학자인 알렉산드르 알렉산드
로비치 류비셰프의 생애를 다룬 책이다. 류비셰프는 일
생 70여권의 학술 서적을 냈고 1만 2,500여 장에 이르는
방대한 분량의 연구논문(100권 분량)을 쓴 학자였다. 그가
이러한 학문적 업적을 남기게 된 데에는 '시간 통계 노트'
가 큰 역할을 했다. 이 노트는 류비셰프의 업적을 추적하
던 전기 작가의 발견을 통해서 세상에 드러났다. 류비셰
프는 스물여섯 살부터 '시간 통계 노트'를 작성하며 평생
매일의 시간을 분, 초 단위로 쪼개 사용하고 그것을 기록
으로 남겼다. 실로 대단하지 않을 수 없다.

　류비셰프의 책을 읽으며 하루 24시간은 평등하게 주어
지는데, 이렇게 초인超人처럼 시간을 쓰는 사람도 있구나
하는 생각을 했다. 1분 1초를 강박감(?)을 가지고 관리하

는 것이 스트레스를 주고 건강에 해롭지 않을까 생각도 했는데, 류비셰프는 82세까지 건강하게 잘 살았다고 한다. 매일 8시간 이상 자고 운동과 산책을 즐겼으며 그리스어와 라틴어 고전을 줄줄 외웠으며 공연과 전시도 빠짐없이 관람했다고 한다.

시대는 많이 변했고 우리를 유혹하는 것들이 곳곳에 널려 있는 세상이어서 류비셰프처럼 완벽하게 살아간다는 것은 사실상 불가능하다. 그렇지만 류비셰프가 시간의 속성을 완벽하게 이해하고 한정된 시간을 온전히 자신의 것으로 활용하고자 했던 철학만큼은 배울 필요가 있다는 생각이다. 분초 단위까지는 아니더라도 시간 단위로 내가 무슨 일을 하고 있는지 기록하다 보면 정작 중요하지 않은 일에 얼마나 많은 시간을 허비하고 있는지 알게 된다.

책 읽기를 위해 주어지는 완벽한 시간이란 없다. 자신의 의지에 따라 시간을 만들어 내는 것일 뿐이다. 읽고 싶고 읽어야 할 이유가 분명하다면 책 읽는 시간을 확보하려고 노력할 것이며 1분도 귀하게 여길 것이다. 개인적으로 힘들었던 일을 무사히 넘길 수 있었던 것도, 3년의 기간 동안 꽤 많은 책을 읽을 수 있었던 것도, 결국 아무 일도 없었던 듯 그 시간을 지금 회상할 수 있게 된 것도 집중적인 책 읽기 덕분이었다.

좋아하는 일을 하게 되면 힘든 일도 잊게 된다. 그때의 책 읽기로 내 삶이 어떤 혁명적 변화가 일어났다고 말할 수는 없지만, 어느새 나는 읽고 쓰는 사람이 되었다. 그리고 제일 좋아하는 일을 가장 우선순위로 하며 살아가는 삶을 가꾸게 되었다. 이만 하면 괜찮지 않나.

시간을 쪼개서 읽는 독서 습관 따라 하기 ─────

1. 어떻게 하면 짧은 시간이라도 독서시간을 확보할 수 있을까. 스마트폰이야말로 우리의 시간을 빼앗는 주범이다. 단순히 스마트폰을 안 보겠다는 결심만으로는 어렵다. 보이지 않게(소리는 들을 수 있게 해놓고) 서랍에 넣어두거나 거실에서 책을 읽는다면 안방에 두는 방법을 활용해보자. 이러한 작은 노력이 습관이 되면 좀 더 많은 독서시간을 확보할 수 있다.

2. 어쩌다 혼자 식사를 할 때는 책 읽기를 하기에 최적의 시간이라 생각하자. 밥을 먹으며 책을 읽는 것에 거부감이 있는 분들도 있겠지만, 세종대왕도 식사하면서 책을 읽었다고 한다. 식사하면서 책을 읽는 또 하나의 장점은 천천히 오래 식사를 하게 되어 건강에도 도움이 된다는 사실이다.

3. 침대, 화장실 등 집안 곳곳에 책을 두자. 특히 읽는 순서와 상관없는 시집이나 외국어 공부를 위한 단어집은 짧은 시간 집중해서 보기에 좋다. 다른 건 몰라도 화장실에 외국어 단어집을 비치해두고 자투리 시간을 활용해 공부해 보기를 추천한다.

독서 모임을 하는 법

이번에는 책 읽기와 더불어 빠질 수 없는 독서 모임에 대해 이야기하려고 한다. 책을 읽고 서평을 쓰는 블로그 활동을 하다 보니 독서 모임에 대한 공지가 자주 보인다. 책은 혼자 읽어도 좋지만 함께 읽는 독서 친구가 있다면 더 좋다. 감동적인 작품을 읽고 나면 혼자서 느낀 여러 감정을 누군가와 나누고 싶을 때가 있는데 주인공은 왜 그런 말을 했을까, 그런 상황이라면 나는 이렇게 했을 텐데 등 다른 사람들과 생각을 주고받다 보면 작품에 대한 기억이 더 오래 남을 수밖에 없다. 이처럼 독서회의 장점은 같은 책을 함께 읽고 내용을 되새기며 공유할 수 있다는 것에 있다. 그런데 알다시피 요즘은 대면보다 비대면으로 만나는 것을 더욱 선호하는 세상이라 최근에는 줌Zoom이나 카카오톡 오픈채팅방 같은 온라인 공간을 통해 독서 모임을 하는 경우도 많다.

내게도 소중한 독서 모임의 추억이 있다. 20대 시절 이야기인데, 요즘 세상에는 찾아보기 힘든 '편지 독서회'이다. 독서도 아날로그 냄새 물씬 풍기는 일인데, 여기에 편지라니! 내가 편지 독서회로 활동하던 시절은 아직 인터넷 개통은커녕 휴대폰도 없던 시절이었다. 당시 월간으로 발행되던 잡지 《샘터》를 읽다가 독서회 회원을 모집한다는 공고를 보고는 무작정 편지를 썼다.

그때는 책을 읽기만 했지 독서회는 참여해 본 적이 없어서, 호기심과 설렘을 갖고 편지를 썼던 기억이 난다. 편지를 보내고 얼마 지나지 않아 독서회 부회장이라는 분으로부터 답장이 왔다. "마음이 일치하는 동지를 만난 기쁨이 크다"라고 하며 열렬히 환영한다는 내용의 편지였다. 푸르른 20대 시절, 생애 첫 독서 회원이 된 것이었다.

편지 독서회의 이름은 '상록 독서회'였다. 서울의 구로 도서관을 근거지로 하는 제법 유서 깊은 독서 모임이었으며 평생 교육을 표방하면서 누구에게나 열려 있고 학생부와 일반부로 나뉜 나름 체계적인 독서회였다. 독서회의 부회장 되시는 분은 독서회 활동을 위해 지방에서 서울로 이사까지 왔을 정도라 하니, 엄청난 애정과 긍지를 갖고 있다는 걸 알 수 있었다. 나에게는 지방에 살고 있고 직접 참여는 어려울 것 같으니 이렇게 편지를 주고받는 형식으로 독서회 활동에 참여하면 좋겠다고 했다.

방식은 이랬다. 먼저 독서회에서 그달에 선정한 도서명과 함께 책 내용에 대한 질문지가 편지로 도착하면 얼른 책을 구해서 읽고 독서감상문과 함께 질문지에 응답할 내용을 써서 편지로 보내는 것이었다. 그러면 회신으로 나의 독서감상문을 회원들과 어떻게 공유했는지 알려주고 그 외 독서회의 여타 소식을 함께 전해주었다. 언젠가는 내 독후감이 우수 독후감으로 선정되었다는 소식을 들려준 적도 있었다. 그리고 부회장님이 쓴 일종의 연재 글('천사의 메시지'나 '별유천지'라는 제목의 마음을 다스리는 글)이 함께 동봉되어 오기도 했다. 이 글은 특히 결혼 이후 육아에 정신없던 시절, 여러모로 크나큰 위로가 되었다.

그저 꼬박꼬박 독서감상문을 써서 보냈을 뿐인데 '독후감의 군계일학群鷄一鶴'이라며 칭찬은 또 얼마나 많이 해주셨는지. 그런 편지를 받을 때면 기분이 좋으면서도 부끄러움에 몸 둘 바를 몰랐다. 지금 생각해보니 그렇게 칭찬과 격려를 아끼지 않았기에 오랫동안 독서회 활동을 할 수 있었던 것 같다. 그 이후 나는 이곳저곳으로 이사를 다니긴 했지만 편지 독서회는 계속 이어졌다. 아이들이 아직 어릴 때라 직접 참여는 어려웠고 편지로만 하는 독서회의 매력에 푹 빠져 있었다.

독서회 회원이 되어 처음으로 읽었던 책은 지금도 잊을 수 없다. 『신데렐라 콤플렉스』라는 책이었다. 이 책을 시작으로 헤르만 헤세의 『데미안』, 양귀자의 『나는 소망한다 내게 금지된 것을』, 오쇼 라즈니쉬의 『배꼽』, 이외수의 『벽오금학도』, 에반스 웬즈의 『희말라야의 성자 미라래빠』, 메이브 하란의 『세상은 내게 모든 것을 가지라 한다』, 캐럴라인 아담스 밀러의 『내 마음의 캘린더』, 발타자

르 그라시안의 『세상을 보는 지혜』, 박경리의 『김약국의 딸들』, 헬렌 니어링과 스코트 니어링이 함께 쓴 『조화로운 삶』 등을 읽었다. 아마도 지금 40대 50대 분들이라면 기억하는 분들이 꽤 많을 것 같다. 이 책들은 내게 청춘의 기억을 떠올리게 하는 책이다. 온라인 서점이 없던 시절이라 새롭게 읽어야 할 책이 선정되면 시내 서점으로 나들이해서 직접 책을 사오거나 남편에게 사다 달라고 부탁을 했다. 그렇게 구해온 새 책의 향기를 맡을 때마다 기분 좋은 행복감으로 마음이 설렜던 기억이 난다. 이제는 직접 책을 사러 서점을 가는 일이 도무지 없을 정도로 가만히 앉아 책을 받아보는 세상이 되었지만, 아이들과 함께 서점 나들이를 하던 일이 그리운 추억으로 남아있다.

여러 책 중 지금도 기억에 남아있는 책 몇 권을 소개해 보겠다. 1993년에 읽었던 『히말라야의 성자 미라래빠』는 꽤 오랜 시간을 들여 읽은 책이다. 서장불교사상에서 가장 잘 알려진 인물이라는 미라래빠의 세속 생활과 열반에 이르기까지의 일대기를 담았다. 재산은 모으면 흩어지고, 집은 아무리 잘 지어도 결국은 무너지고, 만나면 헤어지고, 태어나면 죽게 된다는 주제를 담고 있는 이 책은 소유와 물질이 전부인 양 살아가는 우리에게 무엇이 중요한 것인지를 알려준다. 소유에 대한 집착을 버리고 중요한 것에 집중하라는 메시지가 담긴 이 책을 그렇게 오래전에 읽을 수 있었던 것은 대단한 행운이었다.

또 다른 한 권의 책은 『조화로운 삶』이다. 이 책은 당시 많은 반향을 일으킨 베스트셀러였고 지금도 꾸준히 읽히고 있는 책이다. 작가인 스코트 니어링은 아동 노동 착취에 반대하다 직장에서 해직된 뒤 톨레도 대학에서 정치학 교수와 예술대학장을 맡는다. 하지만 다시 세계대전을 일으킨 제국주의에 반대하다 또다시 해직을 당하고, 그 시기에 부인 헬렌을 만나고 둘은 세속의 삶을 버리고 숲으로 들어간다. 제목에서 연상되듯 책은 니어링 부부가 자본주의의 삶으로부터 걸어나와 버몬트의 자연으로 들어가 자기를 잃지 않고 사회를 생각하며 조화롭게 살아가는 모습을 담은 삶의 기록이다. 먹고 사는 데 필요한 것들을 자급자족하며 돈을 모으지 않고 가축을 기르지 않고 고기를 먹지 않는다는 자신만의 삶의 원칙을 지키며 단순하지만 충만한 삶을 살아가는 작가의 모습을 볼 수 있는 책이다.

위의 두 책과는 성격이 아주 다르지만 전 세계에서 가장 많이 팔렸다는 경제경영서 『부자 아빠 가난한 아빠』도 인상 깊게 읽었다. 저자 로버트 기요사키는 책에서 이런 말을 한다. "대다수의 보통 사람들은 은행을 위해 살아간다." 지금 들어도 너무나 공감되는 말 아닌가.

지금 우리는 그 어느 때보다 편리하고 풍요로운 시대를 살고 있지만 마음속에서 맴도는 공허감도 함께 짝을 이루고 있다. 앞에서 소개한 몇 권의 책은 아주 예전 책이지만 지금 읽어도 '최소한의 것으로도 만족하며 행복한 삶을 살아갈 수 있다'는 소중한 지혜를 일깨워주는 책이다.

독서회 활동은 1990년 8월부터 2004년 말까지 무려 15년 가까이 이어졌다. 뒤늦게 대학 공부와 직장 생활을 시작하게 되고, 네 살짜리 큰 아이와 돌쟁이 작은 아이를 키우면서는 선정 도서를 읽고 독서감상문을 보내는 일이 쉽지가 않았다. 급기야 1년에 한두 차례 정도로만 편지를 교환하다 독서회 활동은 그렇게 끝이 나고 말았다. 그리고 몇 년이 지나 여유가 좀 생겨 이제는 얼마든지 직접 참여도 할 수 있는 상황이 되었다 싶었는데, 안타깝게도 회원분들과는 소식이 모두 끊기고 말았다. 이번에 책을 쓰면서 구로 도서관에 연락을 해봤는데 상록 독서회는 더 이상 활동하지 않는다고 했다. 편지가 끊기고 다시 16년이 흘렀으니 말해 무엇하랴. 그렇게 오랫동안 좋은 글로 영혼을 살찌울 수 있었는데, 제대로 된 인사도 하지 못한 채 그렇게 끝나버리다니. 나를 책으로 이끌어 준 부회장님께(마지막 무렵에는 회장님이 되셨다) 정말 미안한 생각이 든다.

독서회 활동을 하면서 다진 독서 습관은 책을 읽고 글을 쓰는 좋은 습관으로 지금까지도 이어지고 있다. 함께 책을 읽었던 회원분들에게 전하고 싶은 감사의 마음이 지금이라도 전달이 되었으면 좋겠다. 그리고 이 책을 읽는 독자 여러분도 독서 모임을 꼭 해봤으면 좋겠다. 독서 모임의 장점은 앞서 말한 것처럼 서로의 생각과 감상을 공유하는 사색의 시간을 갖는 것 외에도 규칙적인 독서 습관을 만들 수 있다는 장점이 있다.

요즘 독서회는 직접 만나는 모임을 하거나 온라인 모임을 하거나 이 두 가지로 요약된다. 그리고 독서회의 형태도 토론 중심이거나 독서감상문(혹은 리뷰)을 쓰는 글쓰기 모임으로 구분이 된다. 이중 자신이 선호하는 쪽으로 독서 모임을 찾아보면 된다. 그게 아니면 직접 독서 모임을 만들고 주도해보는 것도 값진 경험이 될 것이다.

만약, 독서회 참여도 어렵고 사람들과 대화하는 것도 부담스럽다면 블로그를 개설해 책을 읽고 서평을 남기는 활동이라도 해보라고 권하고 싶다. 블로그를 통해서는 비슷한 성향의 독서 친구들과 댓글로써 의견을 나눌 수가 있다. 그래서 부분적으로나마 독서회를 통해 얻을 수 있는 장점을 취할 수 있다. 무엇보다 책을 좋아하는 사람들이 아직도 있다는 것, 나 말고도 많다는 것, 그러한 분들과 동질감과 유대감을 가져보는 것만으로도 삶의 활력을 찾을 수 있다.

독서 모임 활동 따라 하기 ─────────────

1. 소소한 독서모임도 좋다. 두 사람만 있어도 독서 모임에 준하는 대화가 가능하다. 책을 좋아하는 친구나 직장 동료 또는 가족과도 시도해볼 수 있다. 사실 독서모임을 항상 밖에서만 찾아야 하는 걸로 생각하기 쉬운데 가까운 사람끼리 하게 되면 서로에 대해 더 잘 알 수 있는 기회가 된다.

2. 꼭 토론이 아니더라도 완독을 목표로 하는 모임도 가능하다. 책 읽는 시간을 만들기가 어려운 분들에게는 이런 모임이 더 나을 수 있다. 간편하게 카카오톡 채팅방을 활용하면 얼굴을 모르는 불특정 다수와도 함께 할 수 있다.

3. 온라인 서점에서 주최하는 독서모임을 활용하면 독서의 재미도 느끼고 꾸준한 독서로 이어지는 좋은 동기부여를 얻을 수 있다. 내가 자주 이용하는 예스이십사 인터넷 서점에는 '북클러버'라는 독서 모임이 있다. 두 명 이상이면 소모임을 만들 수 있고, 열심히 활동하면 소정의 적립금도 받을 수 있다.

꼬리에 꼬리를 무는 독서법

많고 많은 책 중에서 어떤 책을 읽을까 고르는 일도 큰 고민이 아닐 수 없다. 그럼에도 여전히 한 권의 책을 만나는 것은 설레는 일이다. 책을 고르는 일이 계획적이고 의도적일 때도 있지만 우연한 계기로 만날 때가 훨씬 더 많다. 드라마나 영화를 보고 나서 흥미를 가지게 되는 책도 있는데, 이번 글은 일드를 보다 셰프의 세계를 속속들이 알게 된 독서 경험을 들려주고자 한다.

5년 전만 해도 내가 블로그 활동을 하지 않을 때라 비교적 시간 여유가 있었다. 퇴근하고 나면 간단히 저녁을 먹으면서 일드(일본 드라마)를 보는 것이 그 무렵 생긴 즐거움이었다. 그 계기는 오랫동안 중단되었던 일본어 공부를 시작하면서 큰 아이가 다양한 주제의 일드를 접할 수 있게 도와주면서부터였다. 예전에는 생각지도 못하던 방식이라 일본어 공부가 재미있어지고 한마디로 신세계(?)를 만난 듯했다. 드라마에 나오는 배우들의 대사에 홀렸고 드라마의 배경 장소를 따라다니며 화면 속이지만 마치 여행하는 기분을 느꼈다. 독서와 일본어 공부에서 오는 피로와 지루함을 날려주기에도 충분했다. 여기도 가보고 싶고, 저기도 가보고 싶고, 이 요리도 먹고 싶고, 저 요리도 먹고 싶고, 그러면서 드라마에 푹 빠져들었다. 듣기 공부가 목적이었기에 대사를 받아 적으면서 알아가는 기쁨도 대단했다. 조금씩 일본어가 들리기 시작하고서부터는 공부하는 기쁨도 배가 되었다.

그렇게 이 드라마 저 드라마를 기웃거리다 타케우치 유코(이 배우는 재작년 9월에 유명을 달리해서 참 안타깝다)가 주인공으로 나오는 일드《런치의 여왕》을 보게 되었다. 오래된 드라마이지만 히트작품이어서 일드에 관심 있는 분이라면 아마도 잘 알고 있을 것 같다. 음식을 소재로 하는 드라마여서 보는 것만으로도 시각과 후각이 자극되고, 행복 호르몬이라는 세로토닌이 무한 방출되는 느낌이 드는 드라마였다. 그런데 여기에 요리뿐만이 아니라 밀고 당기는 청춘남녀의 상큼한 사랑 이야기까지 어우러졌으니, 더욱 빠져들 수밖에 없었다. 아마 두세 번은 돌려 봤던 것 같다.

드라마 줄거리는 대략 이렇다. 가장인 아버지가 아내를 여의고 네 명의 아들과 살면서 경양식집 '키친 마카로니'를 운영하는데 이 가게의 메인 메뉴가 오므라이스다. 하얀 밥을 품고 노란 계란으로 감싸진 오므라이스 그리고 그 위에 뿌려진 갈색의 데미크라스 소스. 비주얼만 봐도 저절로 군침이 돌 정도였다. 여기에 평범한 오므라이스를 세상에서 제일 맛있는 음식으로 바꾸는 주인공 나츠미의 표정 연기까지 더해지면 꼭 한번 먹어보고 싶다는 생각이 굴뚝같았다. 소박한 음식 하나에도 경탄을 아끼지 않는 그들의 모습은 드라마를 보는 내내 나를 행복하게 했고 모든 일에는 정성과 사랑이 필요하다는 것을 알게 해주었다.

드라마를 보면서 음식의 세계도 흥미로웠지만 셰프라는 직업에 대해서도 궁금증이 많이 생겼다. 그러면서 셰프에 대해 좀 더 알고 싶다는 생각에 셰프가 쓴 책 혹은 셰프의 세계를 다룬 책을 찾아보았다. 그렇게 만나게 된 책 중 하나가 『예스, 셰프』라는 책이었다. 이 책은 저자 마르쿠스 사무엘손이 쓴 자전적인 에세이이다. 어머니를 잃고 아버지에게 버림받은 에티오피아 고아 소년이 누나와 함께 스웨덴 가정에 입양되고 셰프로 성공하기까지의 과정을 담았다. 양부모의 극진한 사랑을 받으며 성장하여 축구선수로 활동하던 작가는 부상으로 더이상 운동을 할 수 없게 되자 요리 학교에 진학한다. 축구를 하다가 요리 학교라니. 삶의 반전이라고도 할 수 있는 상황에서 흑인이라는 이유로 무시당하고 멸시를 받으면서도 스위스와 프랑스의 혹독한 주방을 거쳐 마침내 미국에서 자리를 잡게 된다. 그리고 TV 쇼 《톱 셰프 마스터스》 경연에서 우승을 하고 백악관 초빙 셰프가 된다. 이후 오바마 대통령을 위한 요리도 하면서 결국에는 유명 스타 셰프가 된다. 영화에서나 나올 법한 조금은 흔한 성공 스토리이 지만, 다 읽고 나면 마치 한 편의 극적인 성장 소설을 읽 은 느낌이 든다.

뒤이어 『위대한 중서부의 부엌들』이라는 소설도 만났 다. 이 책 역시 셰프의 세계를 다루는 책이었다. 주인공 에바는 생후 6개월 때 엄마에게 버림받고 레스토랑 셰프 였던 아빠와 함께 살다가 아빠가 심장마비로 갑자기 죽 게 되자, 이모와 이모부의 헌신적인 사랑을 받으며 천재 셰프로 성장한다는 이야기이다. 아빠로부터 물려받은 뛰 어난 미각을 잘 갈고 닦은 덕분에 성공을 거둘 수 있었던 주인공의 이야기는 소설이지만 역경을 딛고 우뚝 일어서 는 것이 어떤 것인지 잘 보여주는 소설이었다.

자세히 들어가 보지 않으면 모르는 것이 세상 일이다. 셰프의 세계가 특히 그랬다. 단순히 음식을 만드는 요리 사의 이야기가 아니었다. 두 셰프의 이야기는 화려한 겉 모습 뒤에 가려진 인간적인 뒷모습을 여과 없이 보여주 었고, 그들의 삶이 어느 예술가의 삶과도 다를 바 없다는 것을 가르쳐주었다. 대가 없이 이루어지는 성공이란 없다는 말, 더이상 언급하지 않아도 되는 뻔한 말이지만 책을 읽다 보면 자신의 일에 빠지지 않고서 그런 성공을 이루기가 쉽지 않겠구나 하는 생각이 들었다. 단 한 사람을 위한 음식이 될지라도 요리에 정성을 다하는 모습, 재료를 다듬고 그릇을 씻고 정성껏 조리한 음식을 손님 앞에 내놓는 과정, 손님이 맛있게 먹는 모습을 멀찌감치 바라보면서 흐뭇한 미소를 짓는 장면 등은 자기 일에 최선을 다하는 사람만이 보여줄 수 있는 모습이었다. 나는 책을 읽으며 셰프들처럼 내가 하는 일(공부)에 얼마나 많은 정성을 쏟고 있는지 그리고 순수한 마음으로 즐기고 있는지 스스로에게 되물었다.

일드를 보다가 셰프의 세계에 관심을 가지게 되었고 연달아 관련 책도 읽게 되었다. 이런 식의 독서를 '꼬리물기 독서법'이라고 한다. 영화를 좋아한다면 영화를 보다가 좋은 책을 발견할 수도 있고, 클래식 음악을 듣거나 그림을 감상하다가 음악가와 화가가 궁금해져 관련 책을 찾아 읽게 되기도 한다. 예전에 빈센트 반 고흐의 『반 고흐, 영혼의 편지』를 읽고 난 후 책에서 느낀 감동을 이어가기 위해 프레데릭 파작이 쓴 고흐의 전기 『나는 빈센트를 잊고 있었다』를 꼬리물기 해서 읽었다.

마르셀 프루스트의 『잃어버린 시간을 찾아서』에는 음악, 미술, 건축 양식 등 낯선 이야기가 무궁무진하게 쏟아진다. 이 책이 완독하기 어려운 것은 '의식의 흐름'이라는 독특한 서술 기법도 있지만 음악, 미술 등에 대한 배경 지식이 없기 때문이기도 하다. 이럴 때 꼬리 물기 독서를 통해 관련 책들을 하나하나 찾아가는 읽기를 해보면 어떨까. 처음보다는 좀 더 나은 재미와 감동을 느낄 수 있을 것이다.

책은 모두 연결되어 있다. '관심'과 '호기심'만 있으면 언제든 풍성한 독서 목록의 꼬리를 이어갈 수 있다. 꼬리가 길어지면 길어질수록 내 공부에 대한 의지도 함께 깊어진다.

꼬리에 꼬리에 무는 책 선택법 몇 가지 ————

1. 꼬리물기 독서는 읽던 책에서 시작해서 분야와 장르를 망라하면서 책을 자유롭게 읽는 것이라 할 수 있다. 이 외에

도 한 분야에 집중해서 꼬리에 꼬리를 무는 방식으로 독서를 할 수도 있다. 깊이 알고 싶은 정보나 지식을 쌓고 싶을 때 활용할 수 있는 방법이다. 예를 들어 건강에 관심이 있고, 그중에서도 채식에 관심이 있다면 관련 책 10권을 검색해서 쭉 읽어나가는 방법이다. 이런 식의 독서는 깊이 있는 독서와 해당 주제의 지식 체계를 세우는 데 도움이 된다. 경제경영 사상가로 유명한 피터 드러커는 이런 식으로 3년의 시간을 두고 주제를 바꿔가며 계속 공부를 했다.

2. 책을 좋아하는 사람들이라면 저마다 '최애'하는 작가가 있다. 좋아하는 작가가 있다면 당연히 전작을 모두 읽게 된다. 그렇다면 그다음에는 그 작가의 스승 격에 해당하는 작가의 책을 꼬리물기로 독서를 해보면 어떨까. 또 반대로 내가 좋아하는 작가를 자신의 인생 작가로 생각하는 후배 작가의 책도 있다. 이런 방식으로 작가와 작가가 연결되는 선순환의 독서를 하는 것도 꼬리물기의 한 방법이다.

여러 권을 동시에 읽는 법

어떻게 하면 더 많은 책을 빨리 읽을 수 있을까? 책을 좋아하는 사람들이라면 누구나 가지는 공통의 관심사이다. 이번 이야기는 책 읽는 속도가 느려서 고민이거나, 혹은 한 권의 책을 끝까지 읽어야만 다음 권으로 넘어갈 수 있다는 독자들에게 도움이 되는 독서법을 얘기하려고 한다. 바로 여러 권을 동시에 읽는 방법이다.

독서광이라는 칭호가 붙은 독서가들은 대부분 여러 권을 동시에 읽는 독서법을 활용한다. 나는 열 권을 동시에 읽는다는 어느 작가(영화 칼럼리스트 이동진)의 얘기를 듣고 깜짝 놀랐는데, 20~30권을 동시에 읽는다는 분도 있다. 그는 바로 사이토 다카시라는 분이다. 그분의 책 『독서는 절대 나를 배신하지 않는다』를 보면 '일주일에 10권 읽기' 독서법을 제안하는데, 핵심은 독서의 흐름이 끊기지 않도록 하는 것이라고 했다. 그는 독서를 달리는 열차에 비유했다. 예를 들어 한 개의 선로에 열차 10대가 달리고 있다가 선두 열차가 멈추게 되면 나머지 9대도 이어서 멈출 수밖에 없는데, 처음부터 10대가 동시에 달릴 수 있도록 선로를 만든다면 당연히 독서 흐름은 끊어지지 않는다는 것이다. 즉, 어려운 책과 가벼운 소설이나 실용서 등을 적절히 조합해서 여러 개의 선로를 만든다면, 어느 한 권의 책이 다소 진도가 느리더라도 독서는 계속 이어지게 된다. 그리고 이런 방법으로 책을 읽게 되면 다독의 효과까지 노릴 수 있는 장점이 있다. 물론 한 권씩 읽던 사람이 갑자기 열 권을 동시에 읽는 일은 어렵겠지만 서너 권을 동시에 읽는 것 정도는 독서 초보자라도 충분히 시도해볼 수 있는 일이다.

내 경우 일본어 원서 읽기를 시작하면서 여러 권 동시

읽기를 했다. 김고명 번역가의 책 『좋아하는 일을 끝까지 해보고 싶습니다』를 읽고 나서 책에서 알려주는 대로 번역 공부를 위해 한 달 한 권 원서 읽기에 도전하기로 했다. 그토록 바라던 JLPT N1급도 합격했으니 시험에서 해방된 기분으로 폼나게(?) 원서도 읽으며 실력을 키우고 싶었다. 그리고는 몇 개월 뒤 경제 관련 도서도 한 달에 한 권씩은 읽어야겠다고 독서 선로를 추가했다. 이로써 매달 반드시 읽어야 할 필수 도서가 두 권이 되었고, 여기에 얼마 전부터 시작한 『잃어버린 시간을 찾아서』(총 11권 시리즈 중, 한 달 한 권씩 완독 계획을 세움)까지 추가해 매월 읽어야 할 책이 세 권이 되었다. 여기에 베스트셀러 같은 이슈가 되는 책들까지도 포함하게 되면 적어도 네 권을 동시에 읽어야 했다.

여러 권 읽기 방법은 자신이 어떤 공부를 하는지, 어떤 장르의 책을 좋아하는지 그것부터 파악해 최우선으로 목록에 포함하는 것이 가장 좋다. 그렇게 두세 권 읽을 책이 정해지면 나머지는 다양하게 읽겠다는 생각으로 평소에 멀리했던 분야의 책을 선택하면 된다.

나는 먼저 읽어야 할 책들을 여러 곳에 두었다. 고정적으로 책을 읽는 장소 외에 침대, 식탁, 화장실 등에도 책을 두고 외출 시에도 가방에 넣고 다녔다. 화장실에서는 핸드폰만 내려놔도 시 한두 편은 금세 읽을 수 있다. 그리고 원서 읽기를 한 달 안에 끝내려면 하루도 놓치지 않고 책을 읽어야 하는데, 어떻게 하면 매일 습관으로 만들수 있을까 고민하다 스마트폰으로 그날 읽을 책 페이지를 미리 찍어 두었다가 틈이 날 때마다 핸드폰으로 보는 방법을 썼다(일종의 전자책처럼 읽는 방법이라고도 할 수 있겠다). 결과는 대만족이었다. 이 방법으로 한 달 한 권 원서 읽기 목표를 거뜬히 완수할 수 있었다.

이 꼭지를 쓰기 시작할 무렵 이런 방법으로 『잃어버린 시간을 찾아서』 3권을 읽고 있었는데 현재는 이 시리즈 11권을 모두 완독한 상태다(민음사 출간, 현재는 11권까지 나와 있음). 그야말로 시작이 반이라는 걸 다시금 확인할 수 있었다. 만약 내가 읽기 힘든 책 한 권만을 계속 붙들고 있었다면 다른 책을 읽을 힘마저도 뺏겨 다음 권으로 나아가지 못했을 것이다. 조금은 딱딱한 고전과 쉽게 읽히는 다른 책을 섞어서 읽었을 뿐인데, 왠지 고수의 독서를 따라 하는 듯 뿌듯한 기분이 든다. 고전을 읽고 싶지만 시간도 부족하고 어려워서 엄두를 낼 수 없다고 하는 독자들은 여러 권을 동시에 읽는 방법으로 고전 한 권과 다른 책을 섞어서 독서 목록을 짜면 훨씬 수월하게 독서를 이어 갈 수 있다.

자, 여기서 생각나는 질문 한가지. 여러 권의 책을 동시에 붙들고 있는 셈이니 각 권을 어느 정도, 어느 분량으로 읽는 게 좋을까? 내 경우 통상 하나의 장(챕터)을 읽고 다른 책으로 넘어가거나, 하나의 장이 너무 긴 경우라면 쪽수를 정해서 읽는 방법을 쓰고 있다. 그리고 이렇게 여러 권을 동시에 읽다 보면 서평 작성과 같은 글쓰기에 어려움이 있지 않을까 생각할 수도 있는데, 각자의 독서습관에 따라 다를 수 있지만 메모나 기록을 잘해 둔다면 크게 어려운 일은 아니다.

마르틴 코르테의 『성취하는 뇌』를 보게 되면 '학습의 구성 요소를 혼합하고 교차하라'는 내용이 나온다. 다시 말하면, 틀에 박힌 반복적인 방식을 고수하다 보면 주의력이 떨어지지만 여러 권을 병행하여 읽는 방법을 쓰게 되면 오히려 독서 집중에 더 도움이 된다는 것이다. 물론 여러 권을 동시에 읽는 독서법은 모든 사람에게 동일하게 적용되기는 어렵다. 그러니 시험삼아 여러 권 읽기가 좋은지 그리고 몇 권 정도까지 펼쳐서 읽는 게 좋은지, 여러 테스트를 해보면서 자신의 독서 방법을 만들어가는 게 중요하다.

독서에 도움이 되는 운동법

운동의 중요성을 알면서도 꾸준히 하는 것은 왜 그렇게 어려운 걸까. 언제나 이런저런 핑계로 작심삼일이 되기 일쑤다.

운동을 하지 못하는 가장 흔한 핑계 중 하나는 "시간이 없다"라는 말이다. 나도 그랬다. 일본어 공부를 본격적으로 하기 전, 공인중개사 자격증 공부를 한 적이 있다. 그 무렵 한창 자격증 취득 바람이 불기도 했고, 너무 영업 성과에만 치중하는 직장 생활에 회의가 들었다. 결국 회사를 그만두고 공인중개사 공부를 해보면 어떨까 하는 생각을 하고는 단번에 합격하려고 하루 열 시간 이상씩 오로지 공부에만 몰두했다.

이 모습을 본 친구는 공부도 체력이 있어야 한다며 함께 운동하기를 권했지만 딱 한 번 친구를 따라 다녀오고 나서는 시간이 없다는 핑계로 슬그머니 꽁무니를 뺐다. 물론 버드나무 우거진 천변의 경치를 보면서 걷는 것은 그 자체로 행복한 일이었다. 하지만 왕복 한 시간 반에서 두 시간이나 걸리는 걷기 운동을 마냥 즐길 수만은 없었다. 그때는 그 시간도 아깝게 느껴졌다.

지금 생각하면 정말이지 단순 무식하게 공부했던 것 같다. 과목당 700~800쪽이 넘는 수험서를 7~8회 반복하고, 문제집은 또 별도로 풀고. 정말 밥 먹는 시간 빼고는 온종일 공부에만 시간을 쓴 것 같다. 그래서 합격했을까? 죽자사자 열심히 했는데, 다른 과목은 점수가 남아돌았지만 부동산학 개론에서 합격선보다 두 문제를 더 틀려 단번에 합격하지 못하고 낙방을 했다. 이상하게도 그 과목이 그렇게 어려웠다. 억울해서 사흘 동안 잠을 잘 수가 없었다. 그리고는 고민이 되었다. 그냥 포기하자니 그동안 공부한 게 너무 아깝고, 다시 하자니 또 1년을 그렇게 보내야 한다는 게 너무 속상하고. 결국은 마음을 가라앉히고 다시 강행군해서 그다음 해에 합격했다. 합격은 했지만 다시 공부하는 1년 동안 봄, 여름, 가을, 겨울이 바뀌도록 계절의 변화 한 번 만끽하지 못하고 집안에 갇혀만 있었다.

공부하는 동안 스트레스를 참 많이 받았다. 스스로 원해서 한 거라 누굴 원망할 수도 없었다. 그렇게 공부에 학을 떼고 난 후 나는 또다시 무슨 팔자인지 이번에는 일본어 공부를 붙잡고 있었다. 거기다 책을 읽고 서평을 쓰며 블로그 활동까지도 하면서 말이다.

만약 공인중개사 공부를 하던 그때 내가 108배 운동을 알고 있었다면 어땠을까? 하루 종일 공부하느라고 뜨거워진 머리를 식혀 주었을 테고, 공부 스트레스도 덜 받았을 것이다. 108배 운동이 내게 운명적으로(?) 찾아온 것은 2018년 7월이었다. 기상 관측 사상 몇 년 만에 찾아 온 이례적인 더위라는 뉴스가 나오던 때였다. 108배 절 운동이 좋다는 건 오래전부터 알고 있었지만, 무릎에 부담이

갈까 봐 실천에 옮기지 못하고 있었다. 하지만 할 일(당시에는 일본어 공부)은 많고 시간은 한정되어 있다 보니 최소한의 시간으로 최대 효과를 얻을 수 있는 운동을 찾아야 했다. 그게 108배 운동이었다.

108배 운동을 본격적으로 시작하려고 할 때 책 몇 권을 읽었는데, 그중 김재성 한의사가 쓴 『하루 108배, 내 몸을 살리는 10분의 기적』이 참 좋았다. 작가의 친구가 성인병으로 쓰러지고, 108배 운동을 통해 3개월 만에 건강을 회복하면서 〈108배 큰 절 수련에 관한 경험적 연구〉라는 리포트를 작가에게 보낸 것이 계기가 되어 작가는 108배를 새롭게 바라보게 되었다고 했다. 책에는 만성피로증후군, 당뇨, 비만, 관절염, 고혈압, 아토피 같은 대사증후군 질병은 물론 불치병에 걸린 사람들이 108배 운동을 통해 건강을 회복한 사례들이 대거 포함되어 있다.

나는 책을 읽고서 이 정도로 효과가 좋은 운동이라면 제대로 한 번 해봐야겠다는 생각을 하고, 108배 운동을 100일 넘게 실천해 보았다. 매일 운동한 날짜를 기록했는데, 무더운 여름에 시작해 100일을 넘겼으니 스스로가 대견스러울 정도로 집중해서 운동을 했다. 처음 시도하다 보니 무릎에 무리가 가지 않을까 하는 염려도 했지만 한 마디로 기우였다. 그때 다져진 하체 근육 때문인지 그 이후에는 가끔 108배를 하더라도 다리가 아프거나 무릎이 뻐근해지는 증상은 생기지 않았다.

내가 하는 108배 운동법은 우리가 통상적으로 알고 있는 108배와는 약간 다르다. 준비물은 바닥에 두꺼운 매트를 깔고 편안한 복장이면 된다. 양말을 벗고 맨발로 해야 하며, 운동 시작 전에는 가벼운 스트레칭으로 근육과 뼈, 관절을 풀어준다. 운동하는 방법과 순서를 간단히 소개해 보면 아래와 같다.

처음에는 일어서서 양팔을 옆으로 쭉 펴서 머리 위로 올리면서(이때 천천히 숨을 들이쉰다) 가슴 앞에서 합장하듯 모은다. 그런 다음 천천히 무릎을 굽히며 절을 하면서 이번에는 양팔을 앞으로 쭉 펴면서 바닥에 손을 짚고 숨을 내쉰다(호흡법과 동작은 청견 스님의 유튜브 동영상을 참고하면 좋다). 일어날 때는 손바닥을 짚지 않고 무릎과 허리의 반동을 이용해서 발끝으로 일어난다. 이것이 중요한 포인트다. 처음에는 살짝 손을 짚고 일어나더라도 나중에는 무릎과 발끝의 힘으로만 일어나는 게 좋다. 그다음에는 양팔을 머리 위로 올리면서 최대한 뒤쪽으로 원을 그리듯 하다가 가슴 앞에 두 손을 모으고 똑같이 몸을 굽히며 절을 하는 동작을 하면 된다. 원을 그리는 것은 어깨 스트레칭 효과를 노리기 위한 것이다.

처음 하게 되면 한 3, 4일은 종아리가 땅기고 아프다. 마치 산에 한 번도 안 가본 사람이 산에 올라갔다 오면 며칠은 온몸이 아픈 것처럼 말이다. 하지만 일주일이면 근육통은 싹 사라진다. 108배를 하는데 보통은 10분 정도가 걸린다고 하는데 나는 스트레칭을 하듯 천천히 해서 13분에서 15분 정도가 걸린다. 요즘은 유튜브에 좋은 명상음악이 많아서 마음에 드는 음악을 들으면서 한다. 그러면 훨씬 편안한 마음으로 할 수 있다.

운동을 시작하고 7~8분이면 몸이 더워지고 땀이 나기 시작한다. 걷기 운동을 할 때는 7~8분 걸었다고 해서 땀이 나지는 않는다. 그에 비하면 108배 운동은 걷는 것보다 훨씬 강도가 세다. 또 시간, 장소, 비용에 구애받지 않고 할 수 있으며 몸의 건강은 물론 마음을 평화롭게 하고 행복한 기분을 느낄 수 있도록 도와준다. 운동이 끝나면 바로 씻지 말고 따뜻한 차를 마시며 몸을 안정시켜 체내의 기를 충분히 갈무리한 다음 씻는 게 좋다.

나는 108배 운동을 하면서 여러 가지 증상을 치유할 수 있었다. 간혹 나도 모르게 좋지 않은 자세로 잠을 잤나 싶을 때 어깨에 담이 걸려서 불편했던 적이 있었는데, 108배 운동을 하고 나서는 그런 증상이 말끔히 사라졌다. 그리고 스트레칭 효과로 어깨가 유연해져서 오십견 등 우리 나이에 흔히 찾아올 수 있는 어깨 통증 한 번 겪어본 적도 없다. 또 언젠가는 말로만 듣던 울렁증을 직접 느끼고는 깜짝 놀란 적이 있는데, 이 운동을 하면서부터는 그런 증상도 싹 사라졌다.

108배 운동은 일종의 요가라고 한다. 몸을 굴신하는 동작을 반복함으로써 위로 향한 기운을 하체로 골고루 분산시켜 준다. 화가 났을 때, 스트레스로 힘들 때, 마음을 평안하게 가라앉혀 주는 역할도 한다. 비가 오거나 눈이 온다고 해도 할 수 있는 운동이다. 무엇보다 요즘처럼 체육 시설에 마음 편히 갈 수 없는 상황(코로나19)에서도 가장 편안하게 할 수 있는 운동이 아닐까 싶다.

건강할 때는 건강의 소중함을 알지 못한다. 어딘가를 다치거나 아파서 불편함을 겪어봐야 건강의 소중함을 깨닫고 소박한 일상이 그리워진다. 한 번도 병원 신세를 진 적이 없던 내가 2019년 8월 말에 사무실에서 넘어진 적이 있는데, 그때 왼쪽 어깨 상완골 골절이라는 진단을 받았다. 처음에는 단순한 타박상이려니 했는데, 옷을 갈아입는 것도 힘들어서 한의원에 갔더니 의사는 아무래도 뼈 사진을 찍어보는 게 좋을 것 같다고 했다. 처음 간 병원에서 그런 말을 듣고 믿기지 않아서 다른 병원으로 갔는데 그곳에서도 똑같은 소리를 했다. 의사는 두 달 반 동안을 깁스해야 하고 혹시나 뼈 사이가 벌어지게 되면 수술할 수도 있으니 조심하라고 당부했다. 그제서야 나는 사태의 심각성을 인지하고 어떻게든 왼팔에 힘이 들어가지 않게 하려고 온 신경을 곤두세웠다.

그때부터 일상생활은 물론, 책을 읽고 글을 쓰는 간단한 일조차도 온전히 할 수 없었다. 한 손을 쓰지 못한 채

책장을 넘기는 것이 그렇게 힘든 일인지 몰랐다. 독서 리뷰를 쓸 때는 손으로 노트에 적은 것을 작은 아이에게 타이핑을 부탁하는 등 이런저런 도움을 받아야 했다. 심지어 잠을 잘 때도 깁스를 해야 했으니, 몸을 포박당한 채 몇 달을 산 거나 마찬가지였다. 이 또한 지나가리라, 는 말처럼 그렇게 두 달 반이 지나고 깁스를 풀어도 된다고 했을 때 그 홀가분함이란 이루 말할 수 없을 정도였다. 그동안 걷기 운동밖에 할 수 없었는데, 깁스를 풀자마자 108배 운동을 조심스럽게 시작했다. 지금은 두 팔을 어깨와 등 뒤에서 사선으로 잡을 수 있을 정도로 유연해졌다. 그리고 이전의 건강한 어깨를 되찾았다. 두 손으로 마음껏 책을 펼치고 키보드를 두드리는 일이 얼마나 큰 행복인지도 다시 알게 되었다.

2년 전에 읽은 한재우 작가의 책 『혼자 하는 공부의 정석』을 보게 되면 "운동하지 않았다면 책을 펴지 마라"는 말이 나온다. 운동은 체력을 키우는 목적도 있지만 공부하기에 가장 좋은 최적의 상태로 우리 뇌를 만들어 준다고 했다. 운동을 하면 뇌의 시냅스에서 신경 전달 물질의

양이 늘어나고 그 자리에 새로운 뉴런이 자라는데, 공부를 해야 그 뉴런이 사라지지 않는다고 했다. 이 책을 읽고 나서 공인중개사 자격증 공부를 하던 시절, 시간이 아깝다는 이유로 운동은 접고 공부만 했던 것이 얼마나 어리석은 일인지 알게 되었다.

공부뿐만이 아니라 책을 읽고 글을 쓰는 일도 마찬가지다. 마라톤을 하는 무라카미 하루키의 예가 그렇고, 권투로 몸을 단련했다는 헤밍웨이도 그렇다. 소설가 조정래는 대하소설 3부작 『아리랑』『태백산맥』『한강』을 완성하기 위해 22년 동안 하루 15시간씩 글을 쓰며 하루 세 번씩 맨손 체조를 거르지 않았다고 한다. 외국에 나가 있는 동안에도 잊지 않고 실천했다고 한다. 글쓰기는 머리로 하는 게 아니라 체력으로 한다는 걸 제대로 보여주는 일화가 아닐 수 없다.

무슨 운동이 됐든 상관없다. 건강을 위한 일이기도 하지만 공부를 잘하고 싶다면 운동부터 시작해야 한다. 나아가 책 읽기와 글쓰기를 잘할 수 있는 비결도 운동이라는 것을 잊지 말아야 한다.

108배 이외 독서에 도움이 되는 운동 ─────────

1. 하루 30분 정도를 걷는다. 독서 활동을 오래 하다 보면 눈이 쉬이 피로해진다. 이럴 땐 눈도 쉬어 줄 겸 잠깐 바깥 바람을 쐬면서 걷기를 하면 좋다. 가만히 앉아서 가까운 곳을 응시하는 일은 생각보다 많은 에너지를 필요로 한다. 그리고 걷다 보면 이해가 안 되던 책 내용이 마법처럼 싹 풀리는 경험도 할 수 있다.

2. 책 옆에 아령을 두고, 책을 읽다 한 챕터가 끝나면 아령을 들어 올리는 운동을 한다. 순서와 방법을 소개하면 먼저 양손에 아령을 들고 의자에 앉는다. 이때 등은 의자에 기대지 말고 곧게 편 자세로 앉는다. 아령을 든 채 한 번은 옆으로 양팔을 벌렸다가 어깨 위에서 멈추는데, 그 동작을 다섯 번 한 후 숨을 토해낸다. 두 번째는 아령을 든 채 양팔을 어깨 위로 쭉 폈다 어깨높이에서 내리는 동작을 다섯 번 하고 숨을 토해낸다. 이 동작을 번갈아 하는데 5분 동안 알람을 맞춰 놓고 하면 쉽다. 근육은 우리 몸의 면역력에 아주 중요한 역할을 한다고 알려졌다. 무리할 것 없이 1kg 정도의 아령이면 충분하다.

집중력을 발휘하며 책을 읽는 법

이번 글에서는 집중력과 함께 독서 효율을 높여주는 몇 가지 습관들을 묶어서 이야기하려고 한다. 이미 잘하고 있는 것도 있고, 의식하지 못하고 그냥 지나친 것도 있을지 모른다. 여기 소개하는 팁을 보면서 함께 따라하거나 추가로 보완하고 싶은 것들을 찾아내면 좋겠다.

첫 번째는 좋은 문장 필사하고 수집하기이다. 앞에서도 몇 번 언급한 필사의 중요성은 여러 번 강조해도 지나침이 없다. 하지만 책을 빨리 많이 읽고 싶은 사람에게 필사는 오히려 방해되는 것인지도 모르겠다. 필사하다 보면 아무래도 독서를 잠시 멈춰야 할 때가 있다. 그렇다고 계속 읽어 나가기만 하면 좋은 문장을 놓칠 수밖에 없다. 이럴 때는 사진을 찍어 두거나 포스트잇으로 표시를 해 두었다 독서가 끝난 후 정리하는 방법도 괜찮다.

일반적인 글쓰기나 책 리뷰를 할 때 필사해둔 문장을 인용하게 되면 글의 깊이가 생기고 내용도 훨씬 풍성해진다. 그리고 필사한 것을 가끔 보면서 느슨하게 풀어진 마음에 팽팽한 긴장감을 주기에도 좋다. 언젠가 황민규 작가의 『독서가 필요한 순간』이라는 책을 읽다가 깊이 공감했던 적이 있다. 그는 필사란 '몸에 새긴 기억'이라고 했다. 눈으로 읽고 손으로 쓰면서 머리로는 상상의 나래를 펴다보면 충분히 공감할 수 있는 말이다.

책을 그냥 쭉 읽어 나가는 것에 비해 필사는 끈기와 정성이 필요한 일이다. 사실 읽는 것만으로도 충분히 만족한다면 굳이 필사라는 수고로움을 추가할 필요가 있나 이렇게 생각할지 모른다. 하지만 서평이나 글쓰기 훈련을 하고자 하는 독자라면 꼭 한번 활용해 보기 바란다. 보물 같은 글감의 소재를 가진 것 마냥 든든할 것이다.

독서 집중력을 높이는 두 번째 팁은 다 읽은 책을 과감하게 정리하는 것이다. 블로그 활동을 하면서부터 책이 금방금방 쌓이기 시작했다. 리뷰 목적으로 증정 받은 책부터 개인적으로 구입한 책까지, 책상 한쪽으로 쌓여 있는 책을 보게 되면 뿌듯한 마음이 들기도 하지만 어느 순간 애물단지가 되기도 한다. 명작이나 고전 같은 책을 제외하면 한 번 읽은 책을 다시 읽는 일은 드물다. 이럴 때는 다 읽은 책을 과감하게 정리하는 일이 필요하다. 이 또한 집중력 있는 독서를 위해 꼭 필요한 작업이다.

영화 평론가 이동진은 예전에 구입한 책인지 모르고 같은 책을 또 산 적이 있다고 했다. 그 얘기를 듣고 너무나 공감했다. 내 경우 같은 책을 또 사는 일은 없었지만 도서관에서 이미 본 책을 깜빡 하고 다시 대출하는 일은 여러 번 있었다. 책 정리를 하는 것도 책상 정리를 하는 것만큼 효율적인 책 읽기를 위해 꼭 필요한 습관이다. 독서를 위한 공간이 깔끔하게 정리되어 있다면 책상에 앉는 것만으로도 기분이 좋아진다.

세 번째 팁은 하루 한 번 산책하기이다. 앞에서 말했듯

나는 108배 운동으로 체력을 키우고 있다. 그리고 여기에 하루 30분 정도 시간을 더 내어 산책 겸 걷기 운동을 한다. 산책의 유익함은 이미 많은 책에서 언급하고 있으니 더 말할 필요도 없다. 철학자 칸트는 어김없이 오후 3시에 맞춰 산책했다고 하는데, 그렇게까지 규칙적으로 할 수는 없다 하더라도 아침저녁 중 한 차례 정도는 시간을 내어 산책하면 좋겠다. 걷는 것만으로도 온몸이 따뜻해지고 기분이 좋아진다. 주말이라면 평소보다 조금은 더 조용한 아침 산책을 경험할 수 있다.

그리고 많은 사람들이 언급하는 것이지만 산책을 하다가 좋은 아이디어가 떠오른다. 독자 여러분 중에서도 공감하는 분들이 있을 것 같다. 나도 자주 경험했다. 책 읽기이든 공부든 시작하기 전에 적당히 몸을 움직여 주어야 뇌가 활성화되어 생산적인 사고를 할 수 있다.

네 번째 팁은 잠잘 때만이라도 휴대폰을 멀리 두자고 말하고 싶다. 스마트폰 안에 온 세상이 들어있다고 말해도 될 정도로 폰 하나면 온종일 심심하지 않게 혼자 놀 수 있는 세상이다. 예전의 나는 아침에 알람 소리를 혹시라도 놓칠까 봐 베개 밑에 핸드폰을 두고 잠을 잤다. 그런데 갈증이 나서 중간에 잠시 잠을 깼다가 시간을 확인하려고 휴대폰을 잠깐 봤다가 잠들지 못하고 뒤척이며 고생한 적이 한두 번이 아니었다. 어떤 날은 그대로 아침을 맞이한 적도 여러 번 있었다. 이렇게 하루를 시작하게 되면 직장에서도 집중력을 발휘하기 어렵고, 퇴근해서는 피곤한 나머지 책 읽기도 어려워진다.

TV 보기도 마찬가지다. TV를 보다가 잠이 들게 되면 우리 뇌는 TV 빛 때문에 낮인 줄 알고 계속해서 활동하고, 그렇게 되면 잠을 자도 잔 것 같지가 않게 된다. 여러 뇌과학책에 의하면 전자기기에서 발생하는 블루라이트가 망막 안의 광수용체를 활성화하고, 이로 인해 멜라토닌의 분비를 억제해서 수면을 방해하기 때문이라고 한다. 그러므로 잠을 잘 때는 잠잘 분위기를 만드는 것이 중요하다. 책 읽기에 집중할 수 있는 에너지를 얻는 데도 꿀잠은 무척 중요하다. 그래서 나에게는 언제나 새벽 독서가 로망이다.

간혹 침대에 누워 책을 보는 사람도 있다. 사실 경험해

본 사람은 알겠지만 누워서 오래도록 책을 보는 것은 불편하다. 자세가 바르지 않기 때문에 쉬이 피곤해지고, 조명도 책 읽기에 적합하다고 말하기 어렵다. 미용상으로는 목주름이 생길 수도 있다. 단, 일부러 잠을 잘 자기 위해 책을 읽는 사람도 있는데, 그런 경우는 인정해주자.

다섯 번째 팁은 감탄과 존경의 마음으로 책을 읽는 것이다. 책이 귀한 시절이 있었다. 예전에 비하면 지금은 책이 너무 흔한 세상이라 책 한 권에 대한 소중함을 느끼지 못하는 사람들을 종종 본다. 예를 들면, 이 정도는 나도 쓰겠는데 하는 생각으로 삐딱한 시선으로 책을 대하는 분들이다. 그런 마음으로 책을 읽다 보면 당연히 감흥이 일어날 리 없다.

책 한 권이 나오기까지의 과정을 흔히 산고産苦에 비유한다. 글을 쓰고 고치고 몇 번씩 반복하며 여러 계절을 보내야만 한 권의 책이 나온다. 모든 책의 내용이 아주 좋을 수도 없겠지만 그렇다고 아주 나쁜 것도 없다. 제목이 괜찮아서 읽었는데 내용은 별로 일수도 있고, 그 반대인 경우도 있다. 하지만 내가 얻어야 할 것이 무엇인지, 공감할 준비를 하고 읽는 것과 그렇지 않고 그냥 읽는 것은 분명 다르다. 감탄과 존경의 마음 없이 책을 읽는다면 독서 후기도 별반 다를 게 없다. 책을 통해 무엇을 얻을 수 있느냐 없느냐는 결국 내가 어떤 마음과 자세로 책을 대하는 가에 있다.

여섯 번째 팁은 건강한 눈을 유지하는 꿀팁에 관한 것이기도 하다. 책을 읽거나 글을 쓰기 위해 컴퓨터 화면을 많이 쳐다보게 되면 눈이 쉬이 피곤해진다. 눈이 좋아야 책도 많이 읽고, 오래 읽을 수 있다. 원시 시대에는 사냥이나 수렵을 위해 그리고 적들을 살펴야 했기에 언제나 시야가 먼 곳을 향해 있었다. 그런데 오늘날에는 스마트폰이나 컴퓨터 등 가까운 곳을 오래 응시하는 라이프 패턴 때문에 우리 눈은 과거보다 몇 배나 더 혹사 당하고 있다. 그렇기 때문에 피로감이 느껴진다 싶으면 먼 곳을 바라보며 눈을 쉬게 해야 한다.

히비노 사와코의 『매일 10초 눈 운동』에서는 가장 간단하고 효과가 뛰어난 방법으로 스팀 수건을 만들어서 눈 위에 올려놓고 2분 정도 찜질을 해주는 방법을 추천한다. 이런 방식으로 눈을 따뜻하게 해주면 시력이 살아난다고 한다. 눈 속 근육의 긴장이 풀어지고 혈류를 촉진하도록 도와주어 피로 물질이 원활히 빠져나갈 수 있다는 것이다. 눈이 침침할 때나 하루의 일과를 마무리하고 잠들기 전에 피로를 씻어주는 의미로 한 번씩 해보면 숙면에도 도움이 된다. 요즘에는 일회용 수면 아이마스크를 구할 수 있는데, 착용하게 되면 따뜻하게 열이 나면서 눈의 피로를 풀어준다.

눈의 건강은 전신 건강의 바로미터라고 한다. 몸이 건강하지 않은데 눈만 생생하게 건강할 수는 없다. 신체의 모든 부분은 연결되어 있다. 어느 하나라도 탈이 나면 책 읽기에 집중하는 힘은 떨어질 수밖에 없다.

이제 마지막 팁이다. 마지막 일곱 번째는 독서기록장이나 SNS를 활용해 나의 독서 역사 만들기이다. 책을 읽은 다음 후기 작성의 필요성에 대해서는 여러 번 강조했다. 만약 후기 작성이 익숙하지 않다면, 그냥 무슨 책을 읽었는지 기록을 남기는 정도만이라도 해보자. 시중에 찾아보면 독서기록장 용도로 나온 노트도 찾을 수 있고,

스스로 간단히 만들 수도 있다. 그리고 인스타그램이나 페이스북 같은 SNS를 이용하는 것도 좋다. 최근에는 '#기록용'이라고 태그를 달고 자신의 독서 이력을 사진과 짧은 글로 남기는 독서 계정도 쉽게 찾아볼 수 있다. 노트든 SNS든 읽은 책의 목록이 저장되고 쌓이게 되면 나의 독서 역사가 된다.

지금까지 집중력 있게 책을 읽을 수 있는 방법 몇 가지를 살펴 보았다. 순전히 개인적 경험에 따른 방법인 만큼 내가 어떨 때 독서에 집중할 수 있는지 스스로 고민해보면 좋을 것 같다. 결국 우리가 독서를 하는 이유는 독서 내공을 키우고 내적인 성장을 위해서이다. 독서에 집중할 수 없는 방해요소를 차단하는 것은 아주 중요하다. 몸과 마음의 컨디션을 최적의 상태로 유지하는 것 또한 독서 환경에 있어서 중요한 요소임을 명심하자.

좋은 책을 발견하는 법

책을 자주 읽는 분들이라면 우연찮게 만났던 책이 오래 기억될 정도로 유익했던 적이 있고, 반대로 잔뜩 기대를 하고 고른 책이 원하는 내용이 별로여서 실망했던 경험도 있다. 이런 일들을 몇 번씩 겪고 나면 책을 고르는 것에 대한 자신만의 기준이 조금씩 만들어진다. 지금부터 들려 드릴 내용은 나만의 '좋은 책 발견 노하우'이다. 여러분도 여러분만의 방법을 하나씩 만들어가면 좋겠다.

첫 번째 노하우는 서문과 목차를 읽고 고르는 법이다. 이 방법은 책을 고르는데 가장 기본적인 요소라 하겠다.

서문은 작가가 어떤 이를 대상으로 책을 썼는지 어떤 내용을 담고 있는지 글 쓴 이의 의도를 가장 잘 보여주는 부분이다. 다음으로 목차는 작가가 얘기하고 싶은 내용을 한눈에 볼 수 있도록 그려놓은 친절한 지도라 할 수 있다. 분량이 많고 어려운 책을 읽을 때는 여러 번 목차를 확인하면서 읽어야 내용 이해가 한결 쉬워진다. 도서관에서 책을 빌릴 때나 온라인 서점에서 책을 구입할 때도 마찬가지다. 목차를 꼼꼼히 훑어보고 목차 중에서 내가 알고 싶은 정보가 한 가지라도 들어있어야 그 책은 선택받을 이유가 생긴다.

김애리의 『글쓰기가 필요하지 않은 인생은 없다』라는 책에서도 그랬다. 제목도 마음에 들었지만, 목차 중 한 꼭지의 제목이 내 눈에 번쩍 띄었다. '일흔에 번역가가 된다는 것' 앞에서도 잠깐 얘기한적 있지만, 85세의 나이지만 현역 번역가로 지금도 활동하고 있다는 김욱 할아버지의 얘기는 정말 감동적이었다.

반면 제목 때문에 골랐지만 내용이 기대한 바와 너무 달라 실망한 경우도 있다. 중국 CCTV의 다큐멘터리를 책으로 만든 것으로 제목이 『독서의 힘』이라는 책이었다. 제목과 달리 중국의 인쇄술 역사 같은 내용이 잔뜩 들어 있었다. 이 책을 고르게 된 사정이 도서관 문 닫기 10분 전, 급하게 책을 빌렸던 터라 목차나 서문을 제대로 살필 겨를이 없었다. 제목만 보고 책을 선택하는 것이 언제나 성공적이지는 않다는 사실을 알려준 케이스라 할 수 있다. 책을 고를 땐 최소한 목차와 서문 정도는 꼼꼼하게 살펴보고 책을 고르는 것이 좋다.

두 번째는 명작(혹은 고전) 다시 읽기이다. 앞에서도 말한 적 있지만, 많은 독자들이 이런저런 이유로 명작 읽기에 도전했다가 활자만 쫓다, 그렇게 몇 번 들었다 놓았다 하다 독서를 포기한 경우가 많았다. 그렇게 우리는 언젠가는 해야 할 숙제처럼 고전을 껴안고 살아간다. 이제는 이런 책들을 하나씩 들춰내서 다시 읽어보면 어떨까. 그때는 지독히도 읽히지 않던 책이 지금은 너무나도 재미있는 책이 될 수도 있고, 별 의미 없이 넘겨버렸던 책이 다시 보이기도 한다. 그리고 놓쳤던 보석 같은 문장을 새롭게 발견하기도 한다.

내 경우에도 어렵게 읽었던 명작을 다시 읽고 감동을 되찾은 경우가 있다. 버지니아 울프의 『자기만의 방』과 헤르만 헤세의 『데미안』이 두 작품이 그랬다. 울프의 작품을 8년 전 처음 읽었을 때에는 짧은 에세이들임에도 불구하고 기억에 남는 것이 하나도 없을 정도로 감동이 없었다. 독해조차도 쉽지 않았다. '자기만의 방'이라는 말과 '500파운드의 연 수입을 가지라'는 말 밖에는 딱히 떠오르는 게 없을 정도였다. 그러다 최근 다시 읽으며 "글쓰기란 온전히 자기 자신으로 살아가는 것"이라는 새로운 메시지를 발견할 수 있었다. 이전에 읽을 때는 결코 포착하지 못한 메시지였다.

또 고교 시절을 포함해서 두어 번 읽었던 헤세의 『데미안』도 유명한 명문장 몇 개 만 강렬하게 기억에 남아 있었지, 내용을 온전히 이해했다고 말하긴 어려웠다. 그러다 몇십 년을 훌쩍 지나 정여울 작가가 쓴 『헤세』(아르테에서 출간한 '클래식 클라우드' 시리즈 중 하나) 편을 읽고 나서야 『데미안』이 헤세가 자신의 심리치료 경험을 녹여낸 작품이라는 걸 알게 되었다. 그렇게 알고 보니 실타래처럼 얽혀 있던 이야기가 술술 풀리기 시작했다. 작품에 대한 배경지식을 알고 읽으니 책은 어렵지 않았고 감동은 몇 배가 되었다. 이 작품은 데미안이라는 인물을 통해 참다운 어른이 되어가는 싱클레어(주인공)의 성장소설이라, 청소년이 읽어도 좋지만 어른들이 읽어도 너무 좋은 책이다.

명작과 고전은 시대가 변해도 그 중요성이 희석되지 않고 오히려 더욱 높아진다. 이를 반영하듯 새로운 해석이나 평가가 달린 번역본으로 재출간 되는 경우도 종종 보게 된다. 오래전에 읽었다 하더라도 예전과 다른 감흥으로 읽을 수 있는 것이 고전이다. 중도 포기한 고전이 있거나 어렵게 읽어서 아무런 기억도 남아있지 않은 고전이 있다면 다시 읽기를 권하고 싶다.

세 번째는 도서관을 '내 서재'로 활용하는 방법이다. 좋은 책을 고르는 데 있어 너무나도 만만하고 흔한 방법은 도서관을 이용하는 것이 아닐까 싶다. 명사名士 중 책을 자신의 자양분으로 삼는 분 중 유명한 분이 빌 게이츠다. 그는 동네 도서관에서부터 독서를 시작했다고 한다. 책을 좋아하는 사람이라면 누구나 공감하겠지만 수많은 책이 빼곡하게 꽂혀 있는 도서관의 서가를 보고 있으면 왠지 모를 행복감에 가슴이 차오르는 기분이 든다. 그래서 집 근처 걸어갈 거리에 도서관이 있다는 건, 그 자체로 축복이라고 할 수 있다. 하지만 좀 멀면 또 어떤가. 읽을 책의 목록을 적고 가방을 챙겨 도서관으로 향하는 발걸음은 보통의 나들이와는 다른 특별한 기쁨이 있다. 그리고 저마다 자리를 잡고 고개 숙여 책에 푹 빠져 있는 사람들을 보는 것만으로도 긴장된 설렘이 있다. 도서관을 활용하여 책을 읽는 것은 여러 책을 무한정 만날 수 있다는 장점이 있겠지만 가장 근사한 점은 마치 '나만의 서재'로 도서관의 서가를 이용할 수 있다는 점이다.

만약 우리 동네 도서관에서 내가 보고자 하는 책이 없다면 어떻게 해야 할까? 혹은 근처 지역의 다른 도서관에는 있는데, 하필이면 우리 집 바로 앞 도서관에는 없다면? 이럴 때 쓸 수 있는 것이 바로 '상호대차'다. 상호대차는 도서관끼리 서로 책을 빌려준다는 의미를 갖고 있는 말이다. 통상 시 단위의 지역을 묶어서 지역 소재의 여러 도서관끼리 책을 빌려주고 받을 수 있는 서비스다. 그런데 상호대차의 개념이 전국으로 확대되는 것이 있는데, 그것이 '책이음' 서비스이다. 책이음 서비스는 전국 어느 도서관이든 책을 대출할 수 있는 그야말로 다른 지역 도서관의 책을 우리 동네 도서관으로 활용할 수 있는 서비스다. 만약에 부산 여행을 가더라도 해당 도서관에 '책이음' 서비스가 도입되었다면 외지인임에도 책을 빌려 볼 수 있다(단, 반납은 빌린 도서관으로 해야 한다). 혹은 집은 경기도인데, 직장은 서울인 경우 이 서비스를 이용하면 쉽게 직장 근처의 도서관에서 책을 빌릴 수 있다.

꼭 책이음까지는 아니더라도 상호대차는 일상에서 요긴하게 쓸 수 있다. 거주하는 지역의 도서관 홈페이지에 들어가서 내가 읽고 싶은 책을 신청하게 되면 책을 구비하고 있는 도서관에서 내 주소지의 가장 가까운 도서관으로 책을 보내준다. 그러면 책이 준비되었다는 카톡 메시지가 온다. 그리고 나서 메시지에 나와 있는 기한 안에 책을 찾아오기만 하면 된다. 한마디로 멀리 갈 필요 없이 우리 지역 안의 도서관 소장 책이라면 모두 손쉽게 대출

할 수 있다는 장점이 있다. 이를 이용하게 되면, 즉석에서 대출해오는 것과 달리 특별한 기분을 느낄 수 있다. 마치 나를 위한 '맞춤 서비스'를 받는 것 같은 기분이 든다. 보다 자세한 이용법은 가까운 지역 도서관에 가면 친절하게 안내받을 수 있다.

그리고 도서 반납 코너를 살펴보는 것도 추천하는 방법이다. 예전에는 전철을 타면 책 읽는 사람들이 자주 눈에 띄었다. 그럴 때면 저 사람은 무슨 책을 저리도 진지하게 보고 있나 궁금한 마음에 곁눈질을 했었다. 그런데 도서관에서는 그런 궁금증을 금방 해결할 수 방법이 있다. 바로 다른 사람이 읽고 반납한 책을 살피는 방법이다. 나는 최근 반납 코너를 서성이다 임하연 작가의 『열일곱, 괴테처럼』이라는 책을 발견한 적이 있다. 표지 문구가 인상 깊었는데 '스스로를 천재로 만든 하연이의 르네상스식 공부법'이라고 쓰여 있었다. 때마침 내가 일본어 공부를 열심히 하고 있던 터라 더 내 눈길을 잡아당겼다.

내용은 초등학교 시절부터 예술에 특별한 재능이 있었던 작가가 6개 국어를 공부하고 미국의 명문대학에 들어갔다는 이야기이다. 여기까지만 보면 그냥 공부 잘하는 아이의 자랑인가 싶지만, 고등학교를 1년 반 만에 자퇴하고 천재성, 무의식, 정신분석학, 역사 속 인물들의 전기 등 천 권에 가까운 책을 탐독하면서 자신의 꿈을 키웠다는 얘기까지 읽고 나면, 그냥 평범한 친구처럼 보이지는 않는다. 아이 스스로 문제를 발견하고 해결해 나가는 과정은 또래 청소년은 물론이고 성인들도 배울 점이 많겠구나 싶은 생각이 든다.

이처럼 도서관은 누구의 눈치를 살필 것도 없이 편하게 좋은 책을 발견할 수 있는 곳이다. 읽고 싶은 책을 모두 사서 볼 수도 없고, 읽지 못한 채 쌓여만 가는 책도 언젠가는 애물단지가 된다. 그러니 도서관을 내 서재라고 생각하고 언제든지 읽어주기를 기다리고 있는 대견한(?) 책들을 만나러 도서관에 자주 가보자.

이제 좋은 책을 발견하는 방법 마지막 네 번째다. 네 번째는 모르는 분야의 낯선 책을 의도적으로 골라 읽기이다. 읽기 쉬운 책이나 좋아하는 분야의 책을 읽으면 아무래도 속도감 있게 권수를 채우는 재미가 있다. 하지만 독서의 목적을 생각해보자. 타인에 대한 공감의 폭을 넓혀 세상을 이해하고 사고의 확장과 더불어 변화를 꿈꾸기 위해 책을 읽는 것이 아닌가. 그렇다면 낯선 분야의 책이라도 피하지 말고 지식과 정보를 쌓는 공부라고 생각하고 읽어야 한다.

나도 완벽하게는 아니지만 다양한 분야의 책을 읽으려 노력하고 있다. 그런 생각으로 가장 최근에 읽었던 책이 『나는 매주 시체를 보러 간다』와 『나는 기린 해부학자입니다』라는 책이다. 앞의 책은 서울대학교 의과대학 교수이자 20년간 1500여 건의 부검을 담당한 법의학자인 유성호 저자가 다양한 죽음을 마주하며 얻은 삶의 통찰을 쓴 이야기이다. 이 책을 만나기 바로 전에 일드《언내츄럴》을 재미있게 보았는데(사명감으로 똘똘 뭉친 여성 법의학자가 의문의 죽음을 풀어가는 드라마) 이 책도 역시 기대를 저버리지 않았다. 그동안은 법의학자라는 직업의 세계가 멀게만 느껴졌는데 책을 보면서 결코 우리 삶과 무관한 곳에 있지 않다는 걸 알게 되었다. 동전의 앞뒷 면이 떨어지지 않고 하나로 붙어 있듯 우리의 삶도 마찬가지다. 많은 책에서 메멘토 모리Memento Mori('언젠가는 죽는다는 것을 기억하라'는 뜻을 지닌 라틴어)를 언급한다. 삶과 죽음은 결국 하나다. 누구나 피하고 싶은 '죽음'에 대한 얘기는 결국 '오늘'을 충실히 살아가야 하는 이유를 알려준다.

『나는 기린 해부학자입니다』는 일본의 해부학자, 그것도 젊은 여성인 해부학자 군지 메구가 어려서부터 좋아한 동물인 기린을 연구하는 박사가 되어 활약하는 과정을 담은 과학 에세이이다. 책을 보면 그녀의 삶은 기린의 죽음에 맞춰 온통 자신의 시간을 쏟아붓는 삶이었다는 것을 알 수 있다. 설날도 크리스마스도 없이 기린이 최우선이어야 하는 그녀의 일과 삶을 보면서 사명감을 갖고서 일한다는 것이 어떤 것인지 깨닫게 된다.

내가 모르는 분야의 일과 삶 이야기를 한 권의 책으로 배울 수 있다는 것은 책이 주는 가장 큰 매력이다. 소명의식을 갖고 자기 일에 임하는 열정적인 자세와 태도는 자연스럽게 자신을 돌아보게 한다. 내가 잘하고 있는지, 나는 그만큼의 진정성을 갖고 일하고 있는지, 목표와 계획을 점검하기도 하고, 자칫 나태해진 마음이 있다면 그 마음을 확고하게 다지는 계기가 되기도 한다. 그래서 내일과 무관하고 그동안 전혀 관심을 두지 않던 내용이라 하더라도 때로는 의도적으로 낯선 분야의 독서가 필요하다. 그리고 막상 책을 읽고 나면 나와 관계없는 일이란 세상에 하나도 없다는 것을 깨닫게 된다.

이상으로 좋은 책을 고르고 발견하는 나만의 몇 가지 습관을 소개해 보았다. 누구나 자신만의 책 선택 기준이 있다. 혹자는 믿을 수 있는 작가, 믿을 수 있는 출판사를 기준으로 책을 고르기도 하고 오로지 한두 가지 주제로만 독서를 즐기는 분도 있다. 책 고르는 방법에 정답은 없다. 오직 자신의 취향만 있을 뿐이다. 책을 많이 읽다 보면 자연스레 내 취향을 발견할 수 있다는 것도 독서의 장점이다. 취향을 더욱 심화하여 지식을 얻는 것은 독서의 또 다른 목적이다. 영양분이 풍부한 흙이 있어야 단단하게 뿌리를 내리고 지탱하는 힘을 얻게 된다. 취향은 책이라는 토양에 뿌리를 내리고 흠뻑 양분을 빨아들인 다음온 힘을 다해 열매를 키워내는 역할을 한다.

2부

꿈을 찾아주는
독서 습관

버킷리스트 작성해 보기

여러분은 버킷리스트 목록을 가지고 있는가? 버킷리스트를 모르는 사람은 없을 것 같다. 버킷리스트는 꿈을 이루기 위한 도구이기도 하지만 독서와 만나면 강력한 시너지 효과를 낼 수 있는 목록이기도 하다. 버킷리스트와 독서를 연결해 책 읽는 좋은 습관을 유지하고 나아가 꿈을 이룰 수 있는 얘기를 해보려고 한다.

맨 먼저 무엇을 해야 할까. 내가 좋아하는 일이나 꿈을 노트에 적어보자. 혹은 PC에 기록하는 것도 좋은 방법이다. 큰 목표(혹은 꿈)든 작은 목표든 관계없다. 적다 보면

희한하게도 가슴이 마구 뛰는 경험을 하게 된다. 쓰면서 이건 정말 꼭 해보고 싶다든지, 이건 하고 싶은 것이긴 한데 쉽지 않겠다 등 나의 상황을 객관적으로 들여다 볼수도 있다. 우리는 이렇게 정리된 버킷리스트를 도구 삼아 읽을 책의 목록 뽑기를 맨 먼저 해볼 것이다.

예를 들면 이런 식이다. 어떤 자격증을 따고 싶다는 걸 버킷리스트에 적었다고 하면, 언제 어느 날짜에 합격하겠다는 내용을 이어서 쓰고 이 자격증과 연관된 수험서, 공부법 등의 도서 목록도 함께 쓴다. 또 여행을 좋아해서 유럽 여행이라는 버킷을 썼다면 구체적으로 어디에 가서 무엇을 할지를 쓰고 떠나기 전 미리 읽어 둘 혹은 여행지에서 읽을 책을 함께 적는다. 이해되는가?

그럼 지금부터 실제로 내가 어떻게 버킷리스트를 독서와 연결해 활용했는지 소개해 보겠다. 목표 달성에 대한 책에서는 한결같이 목표를 적고 시각화하는 것이 중요하다고 말한다. 내가 2015년 일본어 공부를 한참 하고 있을 때는 '5년 후 작가 되기' '번역가 되기' 등을 버킷으로 적었다. 그 외에도 많은 목록을 적었지만 대부분 일본어 공부와 책 읽기 그리고 일본 여행과 관련되는 것이 많았다. 자세히 보니 일본어 공부와 책 읽기로 버킷리스트가 집중되는 게 보였다. 이어서 각각의 버킷마다 연관되는 책과 읽어야 할 책 목록을 정리해보았다. 자연스럽게 독서 목록이 만들어졌다. 목록에는 주로 일본어 학습이나 일본 관련 책 그리고 글쓰기, 독서법, 번역가의 일상을 다룬 에세이 등이 차례대로 리스트업 되었다.

관심있는 주제를 찾아서 책을 읽으면 되지, 굳이 버킷리스트까지 작성해서 책을 읽어야 할까? 이렇게 궁금해하는 사람이 있을지 몰라 첨언 하자면 버킷리스트 쓰기는 일종의 독서 의지를 높여주는 데 도움을 준다고 할 수 있다. 내 경우 공부하다 모르는 단어에 좌절하는 일이 많은데, 그럴 때마다 이걸 왜 해야 하지? 이 나이에 무슨 덕을 보겠다고? 이런 고민을 자주 했다. 그럴 때마다 버킷리스트 목록을 들여다보며 용기를 얻을 수 있었다. "맞아, 내 꿈은 이거였어. 다시 힘을 내자. 지금 안 하면 또 5년 후에 후회할지도 몰라." 이런 생각을 하며 마음을 다잡고 공부에 열정을 불태울 수 있었다. 이처럼 버킷리스트는 꿈과 목표 그리고 이를 가능하게 도와주는 책 읽기와 연결되면서 끊임없이 나를 채찍질해주는 역할을 한다. 하지만 버킷리스트 목록만 만든다고 해서 원하던 일이 저절로 될까? 버킷리스트는 목록일 뿐이고 내가 실천할 수 있게 해주는 도구일 뿐이다. 결국 도구를 잘 활용해야 하는 것은 주인이다.

한참 버킷리스트를 작성하고 도서 목록을 만들어 열심히 독서와 공부에 집중할 때였다. 그때가 2019년이었는데, 조민진 기자의 책『모네는 런던의 겨울을 좋아했다는데』를 읽게 되었다. 책 내용은 기자 생활 14년 만에 1년의 안식년을 얻어 꿈같이 보냈던 런던 생활을 풀어놓는 이야기였다. 그녀는 그림을 좋아해서 미술관에 가거나 미술 공부를 하기도 하고, 프랑스어를 공부하고, 40만 원이나 하는 오페라를 관람하면서 런던에서의 생활도 직장 생활을 하는 것처럼 새벽 다섯 시에 일어나 하루를 시작하는 루틴을 지켰다고 했다. 그녀의 이야기는 막연하게 생각하고 있던 나의 버킷리스트 중 하나인 '일본 현지에서 살아보기'를 떠올리게 했다. 도쿄 진보초에 가서 주민이 되어 살아보기 그리고 블로그에 '진보초 일기'를 연재해 보자는 꿈은 책을 읽는 동안 점점 더 또렷하게 내게 다가왔다.

도쿄의 진보초 고서점가는 일본 최대의 고서점 전문 상가로 100년이 넘은 일본의 고 서점들과 신간 서점을 포함, 176곳의 크고 작은 서점이 밀집해 있는 곳이다. 도쿄 여행길에 몇 번 가보고는 사람들로 북적이던 서점 풍경에 마음을 뺏겨 그 자체로 설레고 그리운 곳이었다. 그곳 주민이 되어 살 수 있다면, 자주 서점을 들러 책도 사고 취미 교실에도 등록하여 현지인들과 함께 생활한다면, 언어도 완벽하게 배울 수 있을텐데. 런던 살이를 했던 작가처럼 1년이라는 시간이 생긴다면 정말 좋겠지만 6개월, 아니 한 달이라도 경험해보면 좋겠다. 실제로 그런 일이 일어날지 어떨지는 알 수 없지만 살다 보면 언젠가는 그런 경험을 할 수 있지 않을까? 이렇게 상상을 하다 보면 읽어야 할 책이 보이고, 해야 할 공부도 재미있어지고 집중력도 샘솟는다.

무슨 일을 하더라도 동기가 있어야 한다. 그저 맹목적

으로 하는 공부는 금세 지루해지고 싫증이 나기 마련이다. 책 읽기도 마찬가지다. 이런 상상을 하지 않으면 공부할 이유도 없고 재미도 없다. 도대체 무엇을 위해 공부를 하고 책을 읽는단 말인가. 예전에 일본어 공부를 중단한 이유도 결국은 상상력 부족 때문이었다. 그냥 외국어 공부가 좋아 시작했고, 히라가나부터 시작해서 단어를 알게 되고 문장을 읽을 수 있게 되니 정말 기뻤다. 그런데 거기서 끝이었다. 더 큰 목표나 꿈을 꾸지는 않았다. 그러다 직장생활을 하게 되면서는 일본어 공부는 중단되고 그저 옛날 일이 되었다. 그때 내가 버킷리스트에 관심을 두고 버킷리스트를 작성했다면 일본어 공부가 13년 동안이나 중단되지는 않았을 것이다(지금 생각해도 지나간 그 시간이 너무 아깝다). 그러니 어떤 공부를 시작하고자 한다면, 버킷리스트를 먼저 써보라고 꼭 권하고 싶다. 비단 공부에만 국한할 필요도 없다. 공부든 책 읽기든, 어떤 계획이든 마찬가지다. 무엇을 하더라도 머릿속으로 생각만 하고 있으면 결국 안 해도 되는 이유만 찾게 된다.

버킷리스트 작성이 공부와 독서에 얼마나 유용한 것인

지를 충분히 알게 되었는데, 여기에서 궁금한 게 하나 더 있다. 어느 정도로 크고 높은 꿈을 적어야 하는 걸까? 여기에서 잠깐 참고할 만한 이야기가 있다. 보통 우리는 나이가 많아서 그리고 돈이 없어서 내가 꿈꾸는 일을 할 수가 없어, 라고 말하는 경우가 많은데, 세상에는 연세가 높으신 어르신들임에도 불구하고 뒤늦게 자신의 꿈을 이룬 분들이 종종 있다. 앞서 언급한 적 있는 시집 『약해지지 마』의 시바타 도요는 백수白壽에 이 책을 출간했다. 92세에 시를 써보라는 아들의 권유로 시를 쓰기 시작해서 99세에 이룬 결과물이었다. 그런데 일본에만 이런 분이 있는 것은 아니다. 우리나라에도 있다. 최근 화제가 되었던 『그림 그리는 할머니 김두엽입니다』의 작가 김두엽 할머니는 83세에 그림을 시작하여 94세에 책까지 내게 되었다. 나이를 핑계 대며 무언가 시작하기를 주저하는 우리를 무색하게 하는 증인들이다. 이분들은 오로지 가슴이 시키는 대로 그 일을 했다. 그러면서 좋아하는 일을 끝까지 해내는 결과를 보여주었다. 김두엽 할머니는 종이에 사과 그림을 그렸는데 화가인 아들이 잘 그렸다고 칭찬해

주는 그 한마디에 계속 그림을 그리게 되었다고 한다.

결국 절실함이 아닐까. 아직 꿈을 발견하지 못했다 하더라도 버킷리스트를 작성하면서 연계된 독서를 하다 보면 좋아하는 일을 발견할 수 있다. 좋아하는 일을 계속하다 보면 목표가 생긴다. 그것은 곧 꿈이 된다. 버킷리스트에 목록이 자꾸만 늘어갈수록 내가 읽어야 할 책의 목록도 자연스럽게 만들어진다. 그렇게 버킷리스트와 독서는 강력한 파트너십을 발휘하며 내 꿈과 목표에 가까이 다가갈 수 있게 도와준다. 나는 '5년 후 작가 되기'라는 목록을 버킷리스트에 적었지만 정말 쓴 대로 될 줄은 몰랐다. 그저 리스트에 올려두고 열심히 책을 읽고 글을 쓰며 버킷리스트를 추가했을 뿐이다. 처음에는 버킷리스트를 쓰면 이뤄진다는 소리가 나오는 전혀 상관없는 허무맹랑한 것이라 생각했다. 그런데 내가 경험을 해 보니 버킷리스트는 진실로 꿈을 이루어주는 훌륭한 도구였다.

거짓말하는 작가는 없다. 나는 다시금 이 책을 쓰면서 확인하고 있다. 여러분도 버킷리스트를 작성하고 책 읽는 좋은 습관과 더불어 잠시 접어 두었거나 잃어버린 꿈도 다시 소환해 보길 바란다. 자신이 원하는 꿈에 좀 더 빨리 그리고 확실하게 데려다 줄 것이다.

버킷리스트 이외, 독서 목록을 꾸리는 팁 몇 가지 ─────

1. 일 년에 한 번은 시리즈물을 읽자. 이른바 대하소설이라고 할 수 있는 작품을 찾아서 읽어보자. 조정래 작가의 책, 박경리 작가의 책 등이 여기에 해당한다. 장편물을 읽는 것은 긴 호흡의 독서 내공을 키우는 데 유익하다.

2. 노벨문학상 수상 작품 완독 프로젝트를 해보는 것도 좋다. 작품의 우수성에 대해서는 두말하면 잔소리다.

3. 전 세계 지도를 펼쳐 놓고 나라별 대표 작가의 작품 하나씩 읽기 같은 목표를 정하는 것도 좋다. 아직 만나지 못했던 보석 같은 작품을 만나고 어느 작가의 왕 팬이 될지도 모른다.

우리에게도 '자기만의 방'이 필요하다

버지니아 울프의 작품을 아무리 어렵게 읽은 독자라도 '자기만의 방' 이라는 단어만큼은 선명하게 기억하고 있을 것이다. 이 단어는 버지니아 울프의 에세이 『자기만의 방』에서 나온 말로 이 작품이 발표되고 나서 '자기만의 삶' '자기만의 목소리' '자기만의 수입' '자기만의 언어' 등 지금까지도 수많은 책에서 인용되고 차용되고 있다. 이제는 울프를 상징하는 대표 단어처럼 사용된다. 그런데 이 책도 출간되고 50년이 지나고서야 빛을 보고 페미니즘 비평의 고전으로 재평가를 받았다.

울프는 이 책에서 여성 차별에 대한 문제의식을 암시적이고 인상적으로 피력하고 있다. 대표적으로 여성이 픽션을 쓰기 위해서는 '자기만의 방'과 '연 500파운드의 수입이 있어야 한다'는 유명한 말이 나온다. 500파운드는 지금으로 환산하면 약 4천만 원 정도인데, 예술가가 결핍 속에서 원하는 바를 성취한다는 것이 얼마나 어려운지를 잘 설명해 주는 문장이다. 그리고 여성을 향한 사회적 제약과 성차별의 굴레를 얘기하기도 했다. 자신의 강연이 열리는 옥스브리지(가공의 지명으로 현실에서는 옥스퍼드와 케임브리지 두 대학을 합쳐서 부르는 말이다) 대학에서 생각에 잠겨 잔디밭을 걷다 학교 관리인으로부터 심한 추궁을 받는 장면도 나오고, 만찬 장소에서 남자들은 포도주를 마시는데 여자들은 물만 먹는 등 여성이 차별받는 장면도 나온다. 그리고 이름만 들어도 우리를 설레게 하는 샬럿 브론테, 제인 오스틴, 에밀리 브론테 같은 작가들이 어떤 환경에서 자신들의 작품을 썼는지도 알려준다. 그녀들은 자기만의 방은커녕 가족들이 공동으로 사용하는 거실에서 글을 썼다고 한다. 그리고 이들은 주로 소설을 많이 썼는데 그 이유가 공동으로 사용하는 거실에서는 정신을 집중해서 시를 쓸 수 없었기 때문이라고 했다. 그렇게 결핍을 안고 집필을 해야 하는 상황에서 이들 작품 안에 뒤틀리고 왜곡된 성격을 가진 주인공이 나온다는 건 어쩌면 당연한 일인지도 모른다.

울프 역시도 성차별로 여러 불합리한 일들을 겪었지만 집안 환경이 좋았던 덕분에 다른 작가들에 비하면 집필 여건이 나았다. 하지만 울프는 다른 여성들을 대변하겠다는 의무감 때문이었는지 글을 쓸 수 있는 자기만의 방이 있어야 하고, 경제적 여유를 갖고 있어야 한다고 계속 강조했다. 그리고 울프는 무라사키 부인(『겐지 이야기』를 쓴 고대 일본 여성 작가)이나 에밀리 브론테 등을 예로 들면서, 그들이 글 쓰는 습관을 지니고 있었기 때문에 지금까지도 많은 여성들 사이에 기억되는 인물이 되었다고 말한다. 이 말은 과거의 여성과 지금의 여성이 연결되는 유일한 통로가 글쓰기라는 것을 말해 준다. 그래서 울프는 아무리 사소하고 아무리 광범위한 주제라도 망설이지 말고 어떤 종류의 글이라도 써보라고 권한다. 그것은 남성과 대등해지려고 하거나 더 높은 목적을 위해 세상에 어떤 영향을 끼치겠다는 뜻이 아니라 '자기 자신이 되는 것'을 의미했다. 울프는 특히 여성에게 훨씬 더 중요한 것이라고 강조했다.

울프는 비단 여성의 삶뿐만 아니라 인간으로서의 고달픈 인생도 함께 말했다. 평생 여러 차례 정신 질환을 앓았고 우울증에 시달리다 자살로 생을 마감할 만큼 누구보다 내적인 고민도 깊었다. 결국 100년이나 앞서서 '자기 자신으로 살아가라'라고 메시지를 남길 수 있었던 것도 예민한 자의식 때문에 가능한 일이었다.

"어느 성性에게나 삶은 힘들고 어려운 영속적인 투쟁입니다. 그것은 어마어마한 용기와 힘을 요구합니다. 그리고 우리 같이 환상을 지닌 피조물에겐 다른 무엇보다도 자기 자신에 대한 자신감을 필요로 할 겁니다. 자신감이 없다면 우리는 요람에 누운 아기와 마찬가지이지요."

예전부터 나는 막연하게나마 '자기만의 방'에서 책을 읽고 글을 쓰면 좋겠다는 생각을 했다. 하지만 실천까지는 엄두를 내지 못했다. 그러던 어느 날인가부터 독서대와 책과 노트를 갖고 식탁에서 방으로 그리고 침대로 옮겨 다니며 읽고 쓰는 것이 너무 불편했다. 특히 침대에서 책을 읽다 보면 고개도 아프고 누워서 읽다 보면 나도 모르게 잠들어 버리는 경우도 많았다. 그러다 안방에 커다란 사무용 책상 하나를 들여 놓았다. 널찍하고 튼튼해 보이는 책상 앞에 앉아있는 나를 보더니 남편은 사장님이 된 것 같다고 놀렸지만 나는 작가라도 된 것처럼 기분이 좋았다(집필실을 얻었다고도 할 수 있겠다. 그리고 정말 신기하게도 이 책을 쓰게 되었다!). 이후로 여기저기 옮겨 다니며 책을 읽지 않고 차분히 이곳에서 독서를 할 수 있었다. 그렇게 넓어 보이던 책상에 점점 책이 쌓여가는 것을 보면서 그 책을 바라보는 것만으로도 뿌듯한 마음이 들었다. 이제는 책상에 앉아 책도 읽고 글도 쓰면서 번역가가 되어 있을 미래를 그려 보기도 한다.

그렇다고 나의 '자기만의 방'이 사실 특별한 것은 아니다. 그냥 내가 자주 하는 사용하는 공간에 내가 전용으로 사용할 수 있는 책상 하나를 마련한 것뿐이다. 하지만 그런 공간이 있을 때와 그렇지 않을 때는 여러 가지 면에서 아주 많이 달랐다. 무엇보다 독서에 집중할 수 있는 시간이 길어졌다는 것이 좋았고, 차분하게 오늘 할 일을 메모하며 아침 글쓰기를 하게 된 것도 좋았다. 이 모두가 '자기만의 방'이 가져다준 선물이다.

여성들이 마음 놓고 책을 읽게 된 것도 백 년 남짓밖에 안 되었다. 독서라는 행위는 오랫동안 남성들의 전유물이었다. 불과 몇십 년 전까지만 해도 책을 읽는 여자는 위험하다고까지 했다. 이제 여성들은 사회에서 남성 못지않은 역할을 하고 있다. 버지니아 울프가 말한 것처럼 500파운드의 연 수입은 당장 어렵더라도 자기만의 공간을 갖게 되는 것만으로도 나라는 존재가 대접받고 있다는 느낌을 얻을 수 있다.

이제는 많은 배역을 다 내려놓고 오롯이 자신을 들여다보고 새로운 힘을 얻을 수 있는 나만의 공간을 만들었으면 좋겠다. 그곳에서 차를 마실 수도 있고 책을 읽으며 상상의 나래도 펼 수 있었으면 좋겠다. 나만의 공간에서 울프가 전해준 '자기 자신이 되는 것'을 되새기며 책을 읽고 글쓰기를 해본다면 그것만큼 좋은 게 있을까? 언젠가 울프처럼 누군가에게 희망의 메시지를 전할 수 있는 사람이 될지도 모를 일이다.

책 읽는 공간을 꾸미는 팁 몇 가지 ──────────

1. 나만의 서재가 있다면 금상첨화겠지만, 여의치 않다면 작은 공간이라도 꾸며 보자. 『오만과 편견』『설득』 등 주옥같은 작품을 남긴 제인 오스틴도 알고 보면 소박한 테이블에서 글을 썼다. 커다랗고 많은 책이 꽂혀 있는 공간보다 오히려 차분한 마음으로 책을 읽을 수 있다는 장점이 있다. 그 공간에서 제인 오스틴과 교유交遊할 수 있는 것도 멋진 일이다.

2. 식탁을 책 읽는 공간으로 활용해도 아주 유용하다. 실제로 내가 내 책상을 마련하기 전까지 식탁은 내가 자주 독서와 글쓰기로 활용했던 공간이다. 더구나 식탁은 널찍해서 책을 마음대로 늘어놓고 있기에도 좋다. 문제는 가족 중 누군가가 거실에서 TV를 본다면 약간 방해를 받을 수 있다는 것인데, 아주 어려운 책이 아니라면 약간의 백색 소음이 있어도 괜찮다.

하고 싶은 것을 책으로 대신하기

'열심히 일한 당신 떠나라'는 광고 구호만큼 설렘을 주는 말이 또 있을까? 세상이 코로나바이러스로 잠식당한 지 벌써 2년, 여행 적금은 목적을 잃어버린지 오래되었고 계획했던 여행은 기억이 희미해질 정도가 되었다. 지금은 여행 때 찍은 사진이나 간간이 들춰보며 뭉게뭉게 피어 오르는 추억을 떠올리며 기나긴 지루함을 달래고 있다. 그나마 랜선 여행이라도 떠날 수 있어 다행이라고 해야 할까.

여행 이야기가 나왔으니 오래도록 기억에 남은 내 이

야기부터 들려주겠다. 2019년 가을, 그토록 로망이었던 유럽 여행을 가게 되었다. 원래는 시누이 부부가 가려던 여행이었는데 급한 일로 한 사람이 못 가게 되자 그 자리를 대신해 내가 '땜빵'을 하게 된 일이었다. 그런데 문제는 내가 넘어지는 사고를 당하면서 팔에 깁스를 하게 되었고, 그 바람에 가느냐 못 가느냐 하는 상황이 된 것이었다. 상황이 이렇다 보니 아무리 꿈에 그리던 유럽 여행이라지만 선뜻 가겠다고 말할 수가 없었다. 시누이는 다른 사람들은 목발을 짚고 휠체어도 타고 잘만 다니더라, 집에서 스트레스만 받지 말고, 잘 챙겨줄 테니 같이 가자고 재촉을 했다. 결국 나는 한편으로는 걱정을 한가득 안고 또 한편으로는 기대에 부푼 마음으로 팔에 깁스를 한 채 모험 같은 동유럽 여행을 떠나게 되었다.

TV에서만 보던 유럽의 아름다운 풍경, 꿈속에서나 거닐 수 있을 것 같은 고성과 중세의 돌담길. 언제 다시 이런 순간을 맞이할 수 있을까 싶은 마음에 매일 들뜬 여행이었지만 현실은 한쪽 손만 써야 했으니 뭐든지 굼뜰 수밖에 없었다. 흔들림을 감수하고 사진을 찍어야 했고, 해설을 들으려면 수신기를 착용해야 하는데 유일하게 남은 오른쪽 손은 가방을 지켜야 했고(유럽엔 소매치기가 많으니 가방 조심하라고 강조하는 가이드 말에), 그래서 더더욱 가이드 옆에 바짝 붙어 다니며 이야기 한 줄 놓칠세라 뛰어다녔다. 사실 이 여행에서 프란츠 카프카의 발자취가 있다는 프라하 성을 가장 기대했는데, 너무 스치듯 보았는지 지금은 아무것도 기억에 남아있지 않다.

정말 어떻게 다녀왔는지 모르겠다. 여행 일원들은 내게 대단하다며 연신 칭찬을 하고, 여행 내내 나의 마음은 유럽의 귀족이 된 듯 뿌듯했지만, 몸은 사실 극기 훈련을 받는 것이나 다름없었다. 만약 그런 모양새로 다시 유럽을 다녀오라고 한다면 이제는 절대 사양할 것이다. 어깨가 다 나은 지금이라면 고색창연한 도시들을 마음껏 휘저으며 다닐 수 있을 텐데 말이다.

떠날 수 없다면 그 마음을 잠시 책으로라도 달래보는 건 어떨까? 여행이란 단어는 책과 달리 왠지 기분이 좋아지는 단어이다. 여행은 인간에게 본능과도 같다. 그런데 우리는 문명사회를 살고 있다는 이유만으로 이 본능을 억누르며 살아가고 있다. 직장이나 가정에서 맡은 역할 그리고 경제적 이유 등 사실 알고 보면 이 모두 문명이 만들어낸 규칙들이다. 우리는 문명의 규칙에 순응하며 떠나고 싶다는 충동을 억누르며 살아가고 있다. 우리를 괴롭히고 있는 코로나도 문명이 만든 것이다. 그러니 이럴 땐 꿩 대신 닭이라고 떠날 수 없다면 여행 대신 여행 책이라도 읽어야 한다. 책을 좋아하는 사람이라면 충분히 가능하다. 여행 책을 읽으면서 여행을 하는 듯한 빙의. 그러면 뇌에서도 엔도르핀이 돌기 시작하고 입가에 저절로 미소가 지어진다. 그리고 두근두근 설렘까지도 함께 솟아오른다. 원래 여행의 묘미는 준비하고 상상하는 것부터 시작된다는 말도 있지 않은가.

코로나로 여행을 떠나지 못한 사이 나에게 여행의 기분을 만끽하게 해준 책들이 있다. 평범한 직장인이 88군데의 온천 순례를 하고 쓴 『온천 명인이 되었습니다』, 출판사 편집장 출신의 저자가 일본의 주요 미술관을 돌아보고 쓴 『기억되는 것은 사라지지 않는다』, 도쿄를 200번도 넘게 다녀왔다는 공태희 PD의 『골목 도쿄』, 전직 아나

운서였던 작가가 도쿄의 서점을 탐방하고 쓴 『진작 할 걸 그랬어』 등이다. 내가 일본어 공부를 하고 있어서인지 모두 일본 여행기이다. 이 책들의 공통점은 일본 여행기라는 것도 있지만 좋아하는 것을 찾아 떠난 여행이라는 점도 있다. 이 책들을 읽다 보면 마치 여행을 떠나는 것처럼, 꿈꾸던 일을 실제로 하는 것처럼 기분 좋아지는 감정을 느낄 수 있다. 이것이 바로 여행책을 읽는 매력이다.

누군가는 아무런 준비 없이 떠나는 여행이 더 재미있다는 말을 한다. 하지만 나의 지난 여행을 떠올려 보면 준비 없이 떠난 여행은 늘 아쉬움으로 가득했다. 재작년 (2020년) 2월 나고야 여행에서도 영락없이 그런 아쉬움을 경험했다. 돌아오는 날 호텔에서 체크아웃하고 나왔는데 호텔 건물에 '미술관'이란 단어가 떡하니 붙어있는 게 아닌가. 멀리 돌아다니느라고 오히려 가깝게 있는 주변을 자세히 둘러보지 못해 놓친 것이었다. 그래서 나는 여행은 단단히 준비하고 떠나는 게 좋다고 생각한다. 쉽사리 기회가 오지 않는 해외여행일수록 더더욱 말이다. 아마 위에서 언급한 책의 작가들도 나름 단단한 준비를 하고

서 그곳으로 향했고 취재를 하고 책을 썼을 것이다.

다가 올 여행을 준비하기 위해 책을 읽는 것 이외에 우리가 할 수 있는 것은 또 무엇이 있을까? 하나를 더 꼽자면 여행국의 언어 공부이다. 여행의 매력 중 하나가 현지인과 대화를 나누고 그들의 문화를 조금씩 알아가는 것이다. 그렇다면 관심 있는 여행국의 언어 공부도 미리 해두면 좋지 않을까. 평생 영어 공부에 매달리면서도 항상 제자리를 벗어나지 못하는 이유를 수많은 전문가들은 이구동성으로 말하기를 확실한 동기가 없기 때문이라고 강조한다. 해외여행이 일상화된 요즘 세상에 영어 공부는 무엇보다 여행을 위해서 꼭 필요하다. 그러니 '언젠가 떠날 여행에 대한 준비'라는 최소한의 동기가 여행 책 읽기를 그리고 외국어 공부에 대한 목표를 만들어 줄 것이다.

코로나 여파로 '방콕'하며 책 읽기를 하는 것도 지루해졌다면 여행 책을 잡고 여행 떠날 준비를 해보는 건 어떨까? 이왕이면 외국어 공부도 함께하면서 말이다. 우리가 여행 책을 읽고 외국어 공부를 하며 독서를 하는 과정은 결국 자신의 꿈을 이루기 위해서다. 우리 꿈은 자꾸 상상

하고, 상상하면서 구체적으로 실천하는 과정에서 이루어
진다. 그러니 그런 과정을 즐기면서 책을 읽자. 그러면 아
무리 책 읽기와 공부가 지루하고 힘들더라도 견뎌낼 수
있다. 다만, 책을 읽다 보면 더 떠나고 싶은 마음이 부작
용으로 찾아올 수 있으니 그건 감수하자.

하고 싶은 것, 책으로 대신하는 몇 가지 ─────────────

1. 미술을 잘 모르더라도 누구나 미술관 여행에 대한 로망
   이 있다. 더구나 여행지에서 만나는 미술관 여행은 특별
   한 기쁨을 준다. 우선 책으로 미술관 탐방을 해보자. 평소
   좋아하는 화가에 관한 책을 읽으면서 그림을 열심히 익
   혀 두면 나중에 하게 될지도 모를 미술관 여행이 몇 배나
   즐거워진다.

2. 서점과 도서관 여행도 책으로 가능하다. 추천하고 싶은
   두 권의 책은 전 국회도서관 관장이었던 유종필 작가의
   『세계 도서관 기행』과 출판사 한길사 김언호 대표의 『세
   계 서점 기행』이다. 세계 최초 도서관이라는 이집트 알렉
   산드리아도서관부터 뉴욕공공도서관까지 세계 유수의

도서관을 방구석(?)에서 편안하게 구경할 수 있다. 그리고 서점 기행에서는 부산에서 노르웨이 오슬로까지 전 세계의 아름다운 서점과 유서 깊은 서점을 볼 수 있다. 단순한 여행 가이드북이 아니라 책의 정신과 서점의 철학, 각 나라의 지성과 문화를 엿볼 수 있는 책이다. 언젠가 서점과 도서관이 필수 여행 코스가 될지도 모른다.

지금 힘들다면, 독서에 집중하라

아무 일도 없는 일상이 지루한가? 그렇다면 행복하게 잘 살고 있는 것이다. 누구나 살다 보면 예기치 않은 상황을 만나게 되는데, 그럴 때면 그렇게 지루하고 무료하던 일상이 너무나 소중한 것임을 깨닫고 다시 돌아가고 싶다는 생각을 한다.

크고 작은 정도의 차이만 있을 뿐 누구나 힘든 일을 겪으며 인생을 살아간다. 학생은 성적과 진로에 대한 고민이 있을 테고, 직장인은 인간관계나 부진한 실적 때문에 고민을 한다. 백이면 백 모두 각자의 고민을 안고 살아간다. 오죽하면 삶이란 온몸으로 하는 기도라고 했을까. 좋은 일 사이에 궂은일이 적절히 섞인 삶은 겸손을 가르쳐 주기 위한 신의 의도인지도 모른다.

마음이 짓눌리는 것처럼 어떤 걱정이 생기게 되면 책이 쉽사리 눈에 들어올 리가 없다. 한가하게 책이나 읽을 때인가 싶은 생각이 들기도 한다. 하지만 그럴수록 자기 연민에 빠져 괴로워만 하지 말고 독서에 집중해보는 것은 어떨까?

앞에서도 잠깐 얘기했지만, 나 역시도 그런 시간을 지나온 적이 있다. 남편의 실직 문제가 생기면서 여러 경제적 문제가 꼬이면서 원치 않는 이사를 해야 했던 적이 있었다. 딱 1년만 다른 곳에서 살다 오자는 계획으로 가장 최소 비용으로 머무를 수 있는 오래된 단독 주택으로 이사를 했는데, 가볍게 생각했던 단독 주택의 삶이 그리 만만치가 않았다. 구옥舊屋에 대한 환상이 있었음에도 어두컴컴한 미로 같은 구조에서 느껴지는 오싹함도 싫었고, 무엇보다 단열이 안 되어 겨울에 추운 것이 견딜 수가 없었다. 처음에는 왜 나만 이렇게 힘들어야 하나 원망하는 마음이 생기기도 했다. 하지만 그럴수록 의도적으로 책 읽기에 집중했다. 그러면서 차츰 마음의 안정을 찾아갔다.

그 때 작가들이 해주는 위로의 말들을 만나며 힘든 시간을 견딜 수 있었다. 슈테판 볼만의 책 『책 읽는 여자는 위험하다』에서 "한 시간 동안 책을 읽고 난 다음에도 사라지지 않을 만큼 엄청난 슬픔을 나는 아직 겪어보지 못했다"는 몽테스키외의 문장을 만났고, 공선옥 작가의 산문집 『자운영 꽃밭에서 나는 울었네』에서 "작가는 깨끗하고 환한 방에서는 탄생하지 않는다, 습하고 어둡고 쓸쓸한 방이 작가의 영혼으로 태어나기 안성맞춤이다"라는 얘기를 듣고 큰 힘을 얻었다. 그래, 이 집이 딱 그런 집이구나, 여기서 살았던 시간도 언젠가는 추억거리가 되겠지, 그렇게 생각하며 추위와 어둠을 견뎠다. 세상에 책이 있고 내가 책을 좋아해서 얼마나 다행인가 싶을 만큼 감사한 마음이었다.

벌써 오래전 일이 되었지만, 그때 나에게 힘을 주고 위로를 주었던 몇 권의 책 이야기를 해보겠다. 그러니까 이번 이야기는 짐작한 대로 책을 내 편으로 만드는 '힘든 상황에서 읽는 책' 이야기라고 할 수 있다.

힘들 때는 책을 선택하는 기준도 보통 때와 달리 강렬한 느낌의 제목이 먼저 눈에 들어온다. 빅터 프랭클의 『죽음의 수용소에서』는 워낙 작품의 유명세가 있음에도 제목에서 풍기는 비장함 때문에 선뜻 잡기가 망설여진 책이었다. 이 책은 작가인 빅터 프랭클이 (유대인)강제수용소를 네 곳이나 전전하면서 많은 죽음을 목격하며 깨달은 체험들을 적은 책이다. 인간 존엄성의 위대함과 함께 로고테라피Logotherapy('의미 치료'라 번역하며 삶의 의미를 찾을 수 있도록 돕는 치료)를 이야기하는 책이다.

책을 읽으며 작가가 묘사한 굶주림과 추위 그리고 갖은 체벌과 감시의 수용소 생활 모습을 상상해보았지만, 과연 이런 곳이 세상에 존재할 수 있을까 싶을 정도로 비현실적으로 들렸다. 빅터 프랭클은 그런 상황에서도 웃음과 희망을 잃지 않으며 시련을 통해 점점 더 자신을 다독였다. 책이 전해주는 메시지는 삶의 의미를 되새기며 미래의 희망을 저버리지 않는 사람만이 죽지 않고 결국 살아남을 수 있다는 것을 말해준다. 비할 바는 안 되지만 빅터가 겪은 수용소는 내가 잠시 피신하듯 옮겨 온 우리 집을 떠올리게 했다. 그러면서 내가 처한 상황의 고통은 아무것도 아니라는 생각을 했다. 결국, 신이든 자연이든 우리에게 주어지는 고통은 딱 감당할 수 있을 만큼의 시련만 준다는 말에 공감하지 않을 수 없었다.

뒤이어 읽게 된 책은 니콜라이 고골의 단편 〈외투〉였다. 주인공 아카키 아카키예비치는 정서正書를 담당하던 9등 관으로 자기 일을 무척 사랑하는 사람이었다. 그러던 어느 날 등이 몹시 시려 자신의 외투를 살펴보았더니 얼마나 오래 입었던지 닳고 닳아 나비 날개처럼 바뀐 것을 발견한다. 그때부터 주인공은 새 외투를 마련하기 위해 허리띠를 졸라매기 시작한다. 그런데 그렇게 어렵사리 장만한 외투를 입은 첫날, 아뿔싸! 귀갓길에 건달들로부터 외투를 빼앗기고 만다. 자신의 전부였던 외투가 없어지자 그는 시름시름 앓다가 절망감에 빠져 그만 죽고 만다. 그리고 그 원한을 갚으려 밤마다 유령이 되어 나타난다. 여기까지가 책의 주된 내용이었다.

나는 책을 읽으며 소유를 위해 전력을 다하느라 현재

의 행복을 누리지 못하는 우리의 모습을 엿보는 것 같아 소름이 돋았다. 만약 할 수만 있다면 주인공 아카키에게 내 외투를 벗어 주고 싶을 정도였다. 추운 겨울을 나고 있는 나였지만 그때만큼은 내 외투를 내어 주고 싶을 정도로 주인공이 측은하게 느껴졌다. 자신의 모든 것을 잃어버린 한 인간의 애잔함을 이토록 세밀하게 표현한 작품은 그동안 읽어보지 못했구나 싶을 정도였다. 우스갯소리로 하는 이야기이지만, 이 책은 몹시 추운 겨울날 추운 방에서 벌벌 떨면서 읽어야 주인공의 절절한 마음을 온몸으로 느낄 수 있다.

그다음으로 읽은 책은 화가 고흐가 동생 테오와 주고받은 편지를 엮은 『반 고흐, 영혼의 편지』였다. 동생 테오에게 생활비를 받으면서도 굶을지언정 물감과 모델을 구해 그림을 그렸던 고흐, 그의 열정과 절박했던 가난이 편지 속에 고스란히 녹아있는 책이었다. 그리고 화가라서 그랬을까. 문장 하나하나가 그림이고 시처럼 읽혔다. 동생 테오에 대한 미안한 마음, 그림이 팔리지 않아 절망하면서도 '게으르게 앉아 아무것도 하지 않으니 실패하는 쪽을 택하겠다'고 의지를 불태우는 장면에서는 눈시울이 뜨거워지지 않을 수 없었다. 내가 만약 고흐와 같은 상황이라면 어떻게 살아갈 수 있을까, 앞날이 보장되지 않는 어떤 일에 그렇게 열정을 다할 수 있을까? 그렇게 생각하다 보니 나는 고흐에 비해 가진 것도 많고 행복하구나, 하는 생각이 들지 않을 수 없었다.

정해진 평탄한 트랙에서 잠시 내려와 산길을 조금 걷는 것뿐이다, 라고 생각했던 1년은 결국 3년 반이나 걸렸고, 네 번의 이사를 거쳐서야 원래의 집으로 돌아올 수 있었다. 지금에 와서 돌이켜보면 그리 큰일도 아닌데 그때는 정말 힘들었다고 생각한 기억뿐이다. 나는 그 기간동안 총 350여 권의 책을 읽었고 책 덕분에 그 시간을 견딜 수 있었다.

지금 힘든 시간을 보내고 있는가? 그렇다면 우리보다 훨씬 힘든 상황에서도 하루하루를 견뎌야 했던 위인들의 이야기를 만나보자. 힘든 상황이 오면 사람들 만나는 것도 싫고, 어딘가 아무도 보지 못하는 곳으로 숨고 싶은 게 사람 마음이다. 그럴 때면 책 속으로 도망쳐 보는 것은 어떨까. 책에서 위로를 받고 힘을 얻고 앞으로 나아갈 방법을 찾을 수 있다면 나쁘지 않은 선택이다. 역경을 이겨내며 예술혼을 불태우며 살았던 예술가들의 이야기나 절체절명의 환경에서 살아남은 사람들의 이야기는 우리가 처한 힘든 상황을 아무것도 아닌 것으로 만들어준다. 보통 우리는 다른 사람들의 고통을 보면서 자신의 행복을 가늠하는 것에 어떤 껄끄러움을 느끼곤 하는데, 독서를 할 때는 그런 마음이 들더라도 전혀 죄책감을 가질 필요가 없다. 오히려 먼저 살다 간 그들로부터 삶의 열정을 배울 수 있고 잘못된 부분은 타산지석으로 삼으면 된다. 그런 방법으로 마음을 평온하게 하는 것이 좋은 독서다.

오랫동안 독서를 하면서 책이 주는 마음의 치유를 자주 경험해왔다. 박웅현 작가의 책 『다시, 책은 도끼다』에는 이런 구절이 나온다. "독서는 적어도 마음에서 우러나온 우정이고 그 대상이 죽은 자, 사라진 자라는 점은 사심 없음을 증명하며 거의 감동적이기까지 하다." 사실 이 문장은 『잃어버린 시간을 찾아서』를 쓴 마르셀 프루스트의 말이다. 프루스트는 독서를 '마음에서 우러나온 우정'

이라고 말했다. 인간관계에서의 우정이란 약간의 경쟁과 비교 심리 때문에 스트레스나 피로감이 전혀 없다고 말할 수 없지만, 책과 독자와의 관계에서는 아무런 조건도 사심도 없다. 오히려 읽는 사람에게 위안과 교훈을 주고 그 사람을 변화시키는 데 있어 긍정적인 효과를 준다. 말하자면 책이 우리에게 주는 혜택은 '아낌없이 주는 나무'와 같다. 그저 내가 책을 펼치기만 하면 언제든 편안하고 진지한 우정을 나눌 수 있다. 이보다 더 안전한 휴식처가 어디 있겠는가. 책이란 우리에게 이런 존재다. 그러니 힘든 상황을 맞이했다는 생각이 들 때면 너무 걱정하거나 방황하지 말고, 집중적인 독서를 통해 변화를 모색해 보자. 어제와 다른 나를 넘어 한 발짝 더 성장하는 나를 발견할 수 있다.

처음부터 내가 번역가라는 꿈을 꾼 건 아니었다. 힘든 시간에 집중적인 독서를 하면서 3년 정도 지나고 나서 독서로 조금 자신감을 찾았을 때, 일본어 공부를 재개하고 소세키의 작품을 읽고 그러면서 서서히 꿈과 목표를 키워나갔다. 아마도 내가 집중적인 독서를 하지 않았다

면 번역가의 꿈을 꿀 수 있었을까(되고 안 되고는 나중 문제
다)? 독서는 나약했던 자아를 강하게 변화시키고 어렴풋
한 꿈을 찾아내고 이룰 수 있다는 자신감을 선물해준다.
그러니 책 읽기는 우리 인생을 구원하는 행위임이 틀림
없다.

작가들이 말하는 힘들 때 도움을 주는 책들 ─────

1. 정희진 작가는 고통의 시간에 읽으면 좋은 여러 작가들
   의 책을 추천하고 있다. 자신의 저서 『편협하게 읽고 치
   열하게 쓴다』에서 올리버 색스, 앤드루 솔로몬, 엘리자베
   스 퀴블러 로스, 앤드리아 드워킨, 오오누키 에미코, 존
   사노 등의 책 읽기를 권했다. 이 작가들의 책은 국내에 이
   미 많이 번역되어 있다. 한 작가당 한두 작품을 선택하여
   읽어보면 좋을 것 같다.

2. 노벨 문학상을 받은 일본 소설가 오에 겐자부로는 비탄
   의 시기에 시인 윌리엄 블레이크를 만났다고 했다. 그에
   게는 두뇌 기형이라는 장애를 가진 아들이 있다. 아들은
   엉엉 울면서도 눈물이 나지 않는(눈물샘 이상) 장애를 겪

었는데, 아들의 슬픔을 볼 때마다 블레이크의 시를 읽으며 많은 위안을 받았다고 했다.

3. 인터넷으로 "힘들 때 도움을 주는 책"이라고 검색하면, 여러 명사(작가부터 기업인, 영화배우 등)들이 꼽은 책들을 볼 수 있다. 여러 언론 매체 등에 소개된 기사도 함께 볼 수 있다. 하나씩 클릭해보면서 읽고 싶은 책을 고르는 것도 좋은 방법이다.

공부의 목적은 확고하고 구체적으로

이번에는 내 꿈과 목표를 위해 내가 일상적으로 실천하고 있는 외국어 공부에 관해 얘기하려 한다. 나는 뒤늦게 일본어 번역가라는 꿈을 꾸고 있다. 늦게 찾은 꿈이라 그런지 괜히 조바심이 날 때가 있다. 하지만 아무리 바빠도 바늘허리에 실을 매어 바느질할 수는 없는 것처럼 급할수록 차분하게 돌아보며 한 단계씩 내딛는 게 중요하다.

외국어 공부에서 원하는 성과를 내려면, 확실한 목표와 동기가 필요하다. 목표의 크고 작음을 떠나 확고한 목표를 설정하는 것이 지속해서 공부하는 데 큰 도움이 된다. 그냥 가벼운 마음으로 하면 안 될까, 남들 다 하는데 나만 뒤처질 수 없잖아, 정도의 당위성만 갖고는 몇 달 못 가서 흐지부지하게 될 가능성이 높다. 내가 번역가라는 꿈과 목표를 잡은 것도 이제는 중간에 포기하거나 멈추는 일 없이 끝까지 공부를 해보자는 생각 때문이었다. 나는 문화센터에서 일본어 기초를 배운 후 지금까지 쭉 독학으로 일본어 공부를 해왔다. 지금부터는 내가 해왔던 외국어 공부법을 정리해보려고 한다. 이 방법은 제대로 실천만 한다면 틀림없이 실력을 향상시킬 수 있는 방법이다. 그리고 꼭 일본어에만 한정되는 것도 아니다. 다른 외국어 공부에도 적용할 수 있다. 나처럼 뒤늦게 외국어 공부를 결심한 분들이라면 참고해볼 만한 방법이다.

첫 번째는 자격시험 도전과 원서 읽기이다. 외국어 공부를 재미삼아 하는 분도 있고, 특별한 목적 없이 교양 삼아 하는 분도 있다. 하지만 그렇게 하다 보면 어느 순간 공부를 멈추는 일이 꼭 생기기 마련이다. 외국어 공부는 다른 공부와 달리 멈추는 순간 모든 것이 리셋 된다. 언어라는 게 사실 공부라고 말을 하는 게 맞는 것인지는 잘 모르겠다. 왜냐하면 언어는 살아가는 데 필요한 일상의 도구처럼 자주 쓰다 보면 저절로 익혀지는 스킬 같은 것이기 때문이다. 아이가 태어나서 모국어를 익히는 과정을 보게 되면 엄마 아빠로부터 끊임없이 칭찬과 교정을 받으며 하나씩 몸으로 익혀 가는 것이지 공부를 하는 것은 아니다(기초 의사소통 수준에서). 그렇다고 해서 우리가 제2외국어를 익힐 때 이런 식의 방법을 쓸 수는 없다. 일단 외국어 연습을 할 때마다 매일 같이 옆에서 교정해줄 수 있는 원어민도 없거니와, 내 주변을 24시간 해당 언어 환경으로 만들 수도 없다. 그래서 성인이 되어서 익히는 외국어는 그 방법이 좀 달라야 한다. 어쩔 수 없이 '공부'하듯 해야 한다.

나는 성과를 내는 공부법으로 '자격시험'을 활용하는 것을 가장 추천하고 싶다. 자격시험은 일단 당락이라는 분명한 목표가 정해져 있기 때문에 가장 압축적으로 공부할 수 있도록 도와준다. 물론 시험을 치르기 위해 공부하는 과정은 스트레스가 따라오기 마련이다. 하지만 시험을 치르는 날짜가 있고, 시험 일에 맞춰 일정을 짜고 공부 과목을 준비하는 과정이 있기 때문에 집중적으로 공부하기에는 이만한 게 없다. 그리고 합격과 불합격 같은 결과가 명확하므로 계속해야 할지 멈춰야 할지 다음 수준으로 넘어가야 할지 말지 등의 공부 스텝을 잡는데도 도움을 준다. 다만 수험 공부라는 특성상 언어 자체를 즐기는 공부보다는 해당 시험에 맞춘 형식적인 공부에 그칠 수 있어 자격증 공부만으로 외국어 학습 전체를 '통칠' 수는 없다. 내 경우에도 일본어능력시험 N1급에 합격을 하고 난 뒤부터 원서 읽기를 하면서 딱딱한 수험 공부의 한계를 벗어나려고 노력했다. 확실히 단순하게 문제 풀이를 반복하는 것보다는 좋아하는 작가의 소설을 읽는 것이 어렵지만 훨씬 더 재미있고, 내가 좀 더 깊이 있는 일본어 공부를 하고 있구나 하는 자부심을 느낄수 있다. 처음에는 만화나 가벼운 에세이로 시작했다가 지금은 단행본으로 된 원서를 한 달에 한 권씩 읽는 것으로 공부를 지속하고 있다.

원서도 보통의 다른 독서와 마찬가지로 다양한 분야의 책을 보려고 한다. 장르마다 자주 나오는 단어와 글의 분위기가 다르기도 하고 다양한 문장 감각을 익히는 게 중요하기 때문이다. 특히 소설은 수많은 관용어와 평소 잘 쓰지 않는 오래된 단어들이 불쑥불쑥 튀어나온다. 다른 분야에 비해 무척 어렵지만 열심히 한 페이지 한 페이지 읽고 있노라면 이렇게 어려운 공부를 해내고 있는 나 자신이 대견스럽기까지 하다. 그렇게 한 권 한 권 완독 해나갈 때마다 내 실력도 쑥쑥 늘어갈 거라는 생각을 하면 처음 보는 단어와 마주쳐도 기쁜 마음이 된다.

두 번째 공부법은 100일 포스팅 도전으로 확실한 공부 습관 만들기이다. 요즘은 운동이나 다이어트 글쓰기 등에 100일 도전 프로젝트를 실천하는 사람들이 많다. 공부에도 이런 도전은 무척 유용하다. 매일 무언가를 습관처럼 규칙적으로 한다는 것은 말은 쉽지만, 말처럼 쉽게 할 수 있는 일이 아니다. 무엇이든 능숙하고 편안하게 할 수 있는 경지에 이르기까지는 대가가 따르기 마련이다. 원서를 손에 들고 읽는 사람이 왠지 멋져 보이지만 그렇게 되기까지에는 수많은 노력이 뒤따랐다.

예전에 공부법 관련 책을 읽다가 소설 『하얀 전쟁』의

저자이자 '영어 천재'로 정평이 나 있는 안정효 선생의 영어 공부법을 접하고 놀란 적이 있다. 그분은 일단 3개월만 죽어라고 영어 원서를 읽는 것이 자신의 공부 비법이라고 했다. 마음을 다져 먹고 하루에 한 권씩 읽기를 시작한다면 100권을 읽어내는 데 필요한 시간은 3개월밖에 걸리지 않는다고 했다. 처음에는 뜻도 모르면서 책을 마구 읽어나가는 것이 시간 낭비처럼 여겨질지도 모르지만, 언어 배우기의 터 잡기요 땅 다지기를 위한 기간이라고 했다. 원서를 하루에 한 권씩 읽는다는 것은 보통 사람들로서는 쉽게 엄두 내지 못할 방법이지만 끝내주게 확실한 공부 방법인 것은 분명하다. 하지만 책 두께와 난이도를 쉬운 책부터 시작한다고 해도 매일같이 3개월을 계속한다는 건 보통 사람으로는 불가능에 가깝다. 그래서 나는 한 달에 한 권 원서 읽기를 실천해보라고 말하고 싶다. 『라틴어 공부』의 한동일 교수도 '살살해야 멀리 간다'고 말하면서 목표치를 낮춰 공부해야 꾸준히 이어갈 수 있다고 했다.

외국어 실력이 좋아 크게 막힘 없이 쭉쭉 읽어나가면

좋겠지만 모르는 단어와 부딪히기 시작하면 슬슬 지겨워지면서 완독 목표는 저 멀리 도망가버리고 만다. 그래서 읽을 수 있을 만큼 분량을 정해 놓고 규칙적으로 읽는 것이 좋다. 두세 달에 걸쳐 원서 한 권을 읽는다 하더라도 아예 안 읽는 것보다는 낫다. 나 또한 처음에는 규칙적으로 읽지 못하고 책을 몰아서 읽을 때도 있었다. 그래도 한 달 한 권 읽기는 꼭 지키려고 노력했다.

매일 규칙적으로 읽으면 실력을 키우는데 훨씬 좋겠다는 생각에 실천한 것이 블로그를 활용한 100일 포스팅이다. 하지만 책 읽은 부분을 간단히 요약하고 어휘 정리 정도만 하는 포스팅도 시간이 꽤 걸리는 일이었다. 시간이 너무 많이 걸려 차라리 이 시간에 책을 더 읽는 것이 낫지 않을까, 하는 생각도 들었지만 이렇게 하다 보니 매일 규칙적으로 공부하고 있다는 뿌듯함과 함께 매일 공부의 결과치가 쌓이고 낯익은 단어가 점점 더 눈에 띄면서 공부의 재미를 알게 해주었다. 그리고 무엇보다 내 공부에 반응해주는 블로그 이웃들의 응원을 받게 되니 더욱 열심히 하게 되었다.

습관을 만드는데 21일이면 충분하다는 얘기도 있지만, 100일은 꿈과 목표의 궤도에서 벗어나려는 관성의 법칙을 극복하는 데 도움이 되는 기간이다. 100일이 아득하게 느껴질 수도 있지만 한 번쯤 도전해 볼 만하다. 자신을 믿고 100일 기도를 하는 심정으로 완주해 보자. 무의식처럼 몸에 배게 만들 수 있다.

세 번째로 추천하는 공부는 뉴스 기사 읽기다. 예전에는 영어로 된 뉴스 텍스트를 구하는 것 자체가 쉬운 일이 아니었지만, 요즘은 그야말로 핸드폰으로 접속만 하면 얼마든지 다양한 해외 뉴스 콘텐츠를 구할 수 있다. 그래서 외국어 공부를 하기에는 최적의 환경이라 할 수 있다. 물론 꼭 취해야 할 자료를 선별하는 것이 중요하다. 여기저기 기웃거리다가는 시간 낭비를 할 수도 있으니까 말이다.

나는 요즘 야후 재팬의 뉴스 기사를 읽고 해석하는 공부를 2년 가까이 하고, 공부 결과를 블로그에 따로 포스팅도 하고 있다(원서 읽기에서 했던 것처럼). 뉴스는 국제, 과학, 경제, 라이프, 사회 등 다양한 주제가 있어 외국어 공부에 많은 도움이 된다. 처음에는 1주일에 한 편씩 포스팅하다가, 이제는 매일 한편씩 100일 포스팅을 꾸준히 하고 있다. 100일만 해보자고 결심했는데 벌써 290일을 넘겼다. 시작이 반이란 말을 절감하고 있다.

마지막으로 제안하는 공부법은 글쓰기이다. 유명 번역가들이 쓴 책을 읽어보면 너나 할 것 없이 글쓰기의 중요성을 강조하고 있다. 나는 일본어 공부를 하기 때문에 자연스럽게 일본 문학을 자주 읽는다. 번역된 책을 읽으면서는 역으로 일본어로 바꾸어 보는 연습도 해본다. 또 문학 외에 예전 같으면 잘 읽지 않았던 사회, 정치 분야의 책도 읽어보려고 한다. 최근에는 도쿄대 교수 강상중 작가의 신간이 나오면 꼭 일본어 원서를 구해 어떻게든 완독 해보려고 한다. 그분의 책을 인내심을 가지고 읽고 있노라면 마치 고급스러운 지식을 흡수하는 듯한 기분이 든다. 이렇게 다양한 책을 읽으면 장르마다 쓰이는 단어에도 익숙해져 공부하기도 수월하다(사실은 할수록 어려운 게 일본어라는 걸 절감하고 있다). 글쓰기 훈련은 읽은 책을 빠짐없이 리뷰하는 글을 남기는 것만으로도 충분하다.

이 밖에도 드라마나 영화 등 영상물을 보면서 듣기 능력을 키우는 것도 좋은 방법이다. 그런데 영상물은 목표한 공부 분량을 잘 완수했을 때 보상 차원에서 적당히 활용하는 것이 좋다. 재미에 푹 빠지다 보면 주력해야 할 공부가 뒷전이 될 수도 있다.

지금까지, 내가 번역가라는 늦깎이 꿈을 이루기 위해 불철주야 실천하고 있는 외국어 공부법을 설명해보았다. 지금 방식의 공부를 좀 더 지속한 후 번역 아카데미에서 따로 수강할 계획을 갖고 있다. 더디지만 천천히 쉬지 않고 내 페이스대로 나아가는 공부를 한다면 뭔가를 이룰 수 있지 않을까, 생각해 본다. 매일 할 일이 있다는 것, 그것도 자신의 꿈과 목표를 위해 매일 무언가를 한다는 것은 행복한 일이다. 내 공부법이 꿈을 찾아 새로운 시작을 하려는 분들에게 좋은 자극이 되었으면 한다.

꿈과 목표를 향해 멈추지 않고 나아가려면

"나는 과연 번역가가 될 수 있을까?" 번역가가 되겠다는 꿈을 선포하고 나 자신에게 자주 하는 질문이다. 너무 무모한 도전을 하는 건가. 어쩌다 책 한 권을 내고(이 책으로 말이다) 작가가 되었는지는 모르겠지만, 번역가는 또 다른 세계가 아닌가. 적지 않은 나이에, 누군가는 베테랑 번역가가 되었을 나이에, 이제 와서 시작한다고 생각하면 언제나 내 발걸음을 주춤하게 한다. 하지만 늦게라도 꿈을 찾았고 열심히 해야 하는 일이 생겼다는 것에 감사한 마음이 든다. 그러니 무언가 해야겠다는 생각이 들때가 그

것을 시작하기에 가장 좋은 때다. 공부는 때가 있다는 말도 이제는 옛날 말이다. 언제가 되었든 꿈을 찾고 기꺼이 즐길 수 있다면 그때가 바로 기회이고 최적의 찬스다.

가끔 마음이 혼란해질 때 나를 다독이는 루틴 같은 것을 독자 여러분은 갖고 있는가? 지금부터는 나의 멘탈 관리 루틴을 소개해보겠다. 그래서 이번 꼭지는 꿈과 목표를 향해 나아가는 길에서 방향을 잃지 않도록 도와주는 방법이라고 할 수 있겠다. 어쩌면 너무 사소하고 당연한 방법일 수도 있겠지만, 비법은 어떤 특별한 곳에 있는 게 아니라 가까운 곳에 있다는 것임을 알고 마음이 흔들리는 위기가 왔을 때 이 방법을 활용해보면 좋겠다.

맨 먼저 얘기할, 나의 첫 번째 멘탈 관리법은 일기 쓰기다. 일기 쓰기라 하면 일단 매일 쓰는 것에 대한 부담감이 있는데 매일 쓰지 않아도 된다. 중요한 건 꿈과 목표를 향해 잘 나아가고 있는지 점검하는 차원이면 충분하다. 공부하다 보면 끝이 보이지 않는 터널 속에 갇히는 느낌이 들 때가 있다. 그렇게 되면 아무래도 공부 리듬이 끊기고 결심이 해이해진다. 그래서 스스로를 칭찬해주고 다독여

주는 응원이 필요하다. 응원이 곧 일기 쓰기다.

나는 여러 가지 일기를 쓴다. 건강 일기, 독서 일기, 일상 일기, 꿈을 이루는 습관 일기 등 간단하게 몇 줄이라도 쓴다. 매일 쓰는 일기도 있지만 오늘 내 몸 상태가 좀 피곤하다든가 이상이 느껴지면 기록하는 일기도 있다. 그럴 때면 내가 운동을 좀 소홀히 했구나, 오늘은 좀 걸어야겠구나 하는 생각을 하며 컨디션 관리를 한다. 이렇게 여러 가지 주제의 일기를 쓰면 건강과 정신적인 면에서 어느 한 쪽에도 치우치지 않게 나를 돌아볼 수 있다는 장점이 있다. 그렇다고 내가 완벽을 추구하는 것은 아니다. 작은 틈새 시간을 이용하여 몸이나 마음의 변화를 기록하는 일은 꿈과 목표를 향해 잘 나아가고 있는지 어떤지 체크해주는 역할을 한다.

일기를 쓰는 일은 자신의 마음 상태를 가장 잘 아는 방법이다. 친구에게 힘든 내 마음을 모두 털어놓는다고 생각하고 적으면 된다. 어쩌면 넋두리 같은 말을 적을 수도 있다. 하지만 일기를 쓰는 과정에서 다시 힘을 얻는다. 다운되었던 마음을 긍정적으로 되돌려 놓는 것이 일기 쓰기의 장점이다.

두 번째 멘탈 관리법은 즐거운 일 상상하기이다. 흔히 사람의 마음을 날씨에 비유하기도 한다. 맑고 쾌청한 날이 있는가 하면 흐리고 비 오고 바람 부는 날도 있다. 사람의 감정도 마찬가지다. 항상 기쁜 일만 있는 게 아니라 슬픈 일이 찾아오는 날도 있다. 큰 욕심 없이 소박한 일상을 살아가기로 했다면 감정 기복은 그리 크지 않을지도 모른다. 하지만 꿈과 목표에는 사람의 욕심이 들어간다. 공부도 꿈도 이루고자 하는 욕심이 개입되어 있기에 버티며 해낼 수 있다. 하지만 아무리 좋아하는 일이라 하더라도 힘든 순간은 꼭 오기 마련이다. 그럴때마다 나는 즐거운 일을 상상한다.

예를 들면, 나는 번역가가 꿈이니까 번역가가 되어 책을 번역하고 있는 모습, 원서를 받아 들고 재미있게 읽고 있는 내 모습을 떠올린다. 어떤 때는 좋아하는 작가의 작품 속 배경이 되는 장소를 여행하는 상상을 하기도 한다. 그러면 다시 힘이 나고 열심히 공부해보자는 마음이 생긴다.

또 버킷리스트의 목록을 들여다보며 소리 내어 읽어보는 일도 한다. 이것은 운동선수들이 경기 출전에 앞서 이미지 트레이닝을 하는 것과 비슷하다. 그냥 생각 없이 공부만 하다 보면 왜 이걸 해야 하는지, 언제까지 해야 하는지 막연해지면서 방향을 잃어버릴 수가 있다. 중간중간 긴장을 풀고 기분 좋은 상상을 즐긴다면 중단하는 일 없이 공부를 계속할 수 있다.

세 번째는 혼자 있는 시간을 기꺼이 즐기는 것이다. 내가 일본어 공부와 집중적인 책 읽기를 시작하지 않았을 때는 짧은 여행이나 긴 여행 등 바깥나들이를 자주 했다. 그런데 공부와 블로그 활동을 시작하고부터는 외부 활동을 현저히 줄였다. 아무래도 우선순위가 공부와 책 읽기로 바뀌었기 때문이다. 그러면서 혼자 있는 시간이 많아졌고 집중할 수 있는 시간도 늘었다.

혼자 있는 시간이 늘어나면 사회적 관계도 줄어들 수밖에 없다. 스스로 선택한 것인 만큼 감수할 수밖에 없지만 돌이켜보면 그렇게 혼자 보낸 시간이 무언가를 계획하고 그것을 위해 준비하는 시간이었음을 깨닫게 된다.

메이지 대학의 교수인 사이토 다카시는 자신의 저서 『혼자 있는 시간의 힘』에서 그의 인생을 완벽하게 바꿀 수 있었던 '시간'을 이야기한다. 대입에 실패한 열여덟 살부터 첫 직장에 들어간 서른두 살까지 철저히 혼자였던 그 시간을 견뎠기에 지금의 자신이 있었다고 말한다. 그러면서 무리지어 다니면서 성공한 사람은 없다고 단호하게 말한다. 그러니 혼자 공부하고 혼자 책을 읽는 시간은 새로운 탄생을 기다리며 인내하는 시간임을 명심하고 그 시간을 즐겨야 한다.

네 번째는 많은 자기계발서가 말하는 '주문 외기'이다. 혼자 있을 때 거울을 보면서 '나는 할 수 있다'라는 말을 큰 소리로 해보자. 큰 소리가 쑥스럽다면 속으로 되뇌는 것도 좋다. 공부하다 지루해질 때나, 졸리거나 쉴 때, 이 방법이 의외로 효과가 크다. 자신감이 생기는 것은 물론이고 기분도 좋아진다. 생각해보자. 누가 나를 위해 "당신을 할 수 있어" 라고 격려하며 응원해주겠는가. 가족이야 영원한 내 편이라 하겠지만 타인들 속에서는 그런 완벽한 내 편을 찾기란 쉽지 않다. 그러니 틈만 나면 나 자신에게 긍정의 에너지를 주입하고 자신감을 키우는 것이 중요하다. 절대로 부끄러워하지 말고 오늘도 자신을 향해 파이팅을 외쳐야 한다.

　멈추었던 일본어 공부를 재개한 지 7년이 되었다. 돌이켜 생각해보니 내가 어떤 일을 이만큼 길게 이어왔던 적이 있었나 싶다. 아직 오지 않은 미래의 일을 미리 걱정하며 이리저리 재고 궁리하고 결국 안 해도 되는 이유만 찾는 일은 그만두어야 한다. 차라리 그럴 시간에 목표한 꿈을 이루기 위한 구체적인 일을 하는 것이 더 낫다. 나이가 많아 시작하기에는 늦었다고 생각할 이유도 없고 다른 사람이 나를 어떻게 생각할까 염려할 이유도 없다. 좋아하는 일, 하고 싶은 일을 해나가는 과정 그 자체만으로도 소중하고 의미가 있다. 시간을 친구처럼 여기고 함께 보낸 과정은 오롯이 나의 역사가 된다. 어제보다 조금씩 변화하고 성장하는 모습을 통해 미래의 행복도 마주할 수 있다.

나는 행운을 준비하는 사람

지금까지 나의 독서와 공부 이야기, 꿈과 목표 이야기를 풀어놓다 보니 어느새 에필로그에 이르렀다.

　앞에서도 여러 번 언급한 바 있는 한동일 교수의 『한동일의 공부법』을 읽고 공부에 대해 새로운 시선을 갖게 되었다. 공부에 대해서 타의 추종을 불허하는 한동일 교수는 '행운을 부르는 가장 좋은 방법이 공부'이며 그 스스로 '공부라는 노동을 통해 운을 준비하는 사람'이라고 했다. 나는 그동안 단 한 번도 공부를 '행운'이라는 단어와 연결시켜 생각해 본 적이 없었는데, 이 말을 듣고 정신이 번쩍

드는 기분이 들었다.

우리가 하는 공부는 합격이나 자격증 취득, 또 그것이 어떤 일로 연결되기 전까지는 아무것도 정해진 게 없다. 어떤 결말을 볼 때까지 묵묵히 참고 견디거나 즐길 수밖에 달리 뾰족한 수가 없다. 나는 한동일 교수의 이말을 접한 후부터 공부에 대한 태도를 바꾸고 더이상 힘들다는 생각을 하지 않게 되었다. 공부하는 과정이 '행운'을 준비하는 과정이라면 더욱 적극적으로 임해야 한다. 그럼에도 원서를 읽다 모르는 단어를 만날 때면 한숨이 나온다. 그러면 다시 나는 지금 행운을 준비하고 있는 거잖아, 하며 마음을 새롭게 다잡는다. 나는 이 표현이 너무도 마음에 들어 에필로그의 제목으로도 썼다.

맺음말을 행운에 관한 이야기로 시작한 것은 내가 이책을 쓰게 된 것도 행운이라고 생각하기 때문이다. 책을 좋아하는 일인으로서 책을 내는 사람들이 부러웠고 대단해 보였다. 그저 남의 일인 줄만 알았다. 그런데 지극히 평범한 내가 책을 쓰게 되었다니 지금 생각해도 꿈같은 일이 아닐 수 없다. 출간 제의를 받은 후 출판사 대표님

과 첫 미팅을 하던 날 밤, 새벽 4시 반이 되도록 잠을 이룰
수 없었다. 아침이면 출근을 해야 하니 어서 잠을 자야 하
는데 밤을 하얗게 새고 말았다. 그런데 하나도 힘들지 않
았다. 구름 위에 떠있는 기분이 이런 마음일까 싶었다. 그
렇게 내 책 쓰기의 행운이 시작되었다. 그런데 행운은 어
떻게 오는 것일까. 준비하고 있는 사람에게 온다. 이 말은
특별한 능력이 있는 누군가가 아니라 준비하는 사람에게
행운의 여신이 더 미소를 보내준다는 뜻이다. 나는 내가
좋아하는 일을 습관처럼 계속하고 있었기에 이런 행운을
맞이할 수 있었다.

　블로그 활동을 하면서 마치 물 만난 물고기처럼 책을
읽고 글을 쓰고 공부를 하며 시간을 보냈다. 좋아하는 일
이지만 힘들 때도 있었다. 계절 따라 변화하는 풍경을 만
끽하려면 놀러 가고 싶은데, 직장 생활을 하는 가운데 시
간을 내어 책을 읽고 공부를 해야 했으니 항상 시간이 부
족했다. 이런 나에게 맞춰 살아야 했으니 우리 가족도 힘
들었을 것이다. 하지만 내가 좋아하는 일이니까 인정해
주고 격려해 주었다. 남편과 아들은 책을 쓰는 내내 원고

를 읽어주고 응원을 해주는 등 많은 힘을 보태주었다. 특히 요코하마에서 나의 원고를 읽어주고, 자신도 직장생활을 하는 동안 무언가를 이루고 싶다고 말한 큰아이 윤수에게 더욱 고맙다. 코로나19가 길어지는 바람에 덩달아 오랜 시간 재택근무하며 힘들었을 텐데 꼼꼼하게 읽어주고 마치 편집자처럼 자세하고 긴 메일을 보내 주었다. 이 지면을 빌어 우리 가족 모두에게 고마운 마음을 전하고 싶다.

  여러분은 좋아하는 일이 있는가? 어떤 꿈을 꾸며 살아가는가? 인생의 변화를 꿈꾸고 있는가? 혹시 무언가를 시작하고 싶은데 늦었다며 망설이고 있는가? 그런 독자들이 있다면 내 이야기를 듣고 용기를 내길 바란다. 처음부터 거창한 꿈을 생각하기보다는 먼저 자신이 좋아하는 일이 무엇인지 생각해보는 시간을 가졌으면 좋겠다. 어렸을 때 혹은 학창시절부터 지금까지 계속해 오고 있는 일이 있는지 떠올려보자. 집중적으로 하지 못했더라도 오랫동안 나도 모르게 손이 가는 일이 있다면 그게 바로 당신이 좋아하는 일이다. 그냥 매일 밥을 먹는 것처럼 무의식적으로 반복하는 습관 같은 것 말이다. 나에게는 공부하고 책 읽는 것이 어렸을 때부터 가장 좋아했던 일이고 가장 나답게 해주는 일이었다.

나는 좋아하는 공부를 하고 책을 읽고 서평을 쓰다가 작가의 꿈을 이루게 되었다. 오랫동안 꿈꾸어 왔던 하나의 꿈을 이루고 또 다른 하나의 꿈을 향해 나아가고 있다. 사람은 자신이 좋아하는 일을 하며 살아갈 때 가장 큰 행복을 느낀다. 그리고 그것이 자기답게 살아가는 최고의 방법이다. 좋아하는 일을 하면서 늦게나마 꿈을 이룬 나처럼 여러분도 할 수 있다. 무엇을 시작하기에 늦었다는 것은 없다. 망설이지 말고 지금 당장 시작하라고 말하고 싶다.

좋아하는 일을 하며 살아가는 것은 우리의 마음이 이끄는 대로 사는 삶이다. 그 과정에서 자기 안에 잠들어 있던 꿈과 목표를 발견하게 될지도 모른다. 꿈과 목표가 있으면 일상이 하나도 지루하지 않다. 오히려 시간이 너무 빨리 지나가 버려 아쉬울 정도다. 꿈과 목표는 삶에 있어 나침반이나 마찬가지다. 어디로 가야 할지 정확히 방향을 알고 있기 때문에 서성거리거나 망설일 필요가 없다.

나의 이야기가 웅크리고 있던 꿈을 발견하고 시작하려는 독자들에게 조금이나마 도움이 된다면 더 바랄 것이 없겠다.

책만 읽어도 된다

50에 꿈을 찾고 이루는 습관

초판 1쇄 발행 2022년 10월 17일

지은이 조혜경

발행인 김옥정
편집인 이승현
디자인 페이지엔

펴낸곳 좋은습관연구소
주소 경기도 고양시 후곡로 60, 303-1005
출판신고 2019년 8월 21일 제 2019-000141

이메일 buildhabits@naver.com
홈페이지 buildhabits.kr

ISBN 979-11-91636-42-0

좋은습관연구소에서는 누구의 글이든 한 권의 책으로 정리할 수 있게 도움을 드리고 있습니다. 메일로 문의주세요..